长沙市十三五规划课题《基于项目式学习的微课资源的开发与利用研究》研究成果

成为项目式学习
课程设计师

刘秋红　主编

汕頭大學出版社

图书在版编目（CIP）数据

成为项目式学习课程设计师 / 刘秋红主编 . —— 汕头：
汕头大学出版社 , 2020.10

ISBN 978-7-5658-4119-4

Ⅰ . ①成… Ⅱ . ①刘… Ⅲ . ①小学—教学研究 Ⅳ .
① G622.0

中国版本图书馆 CIP 数据核字 (2020) 第 212953 号

成为项目式学习课程设计师 CHENGWEI XIANGMUSHI XUEXI KECHENG SHEJISHI

主　　编：刘秋红
责任编辑：汪艳蕾
责任技编：黄东生
封面设计：陈莎莎
出版发行：汕头大学出版社
　　　　　　广东省汕头市大学路 243 号汕头大学校园内
邮政编码：515063
电　　话：0754-82904613
印　　刷：长沙鸿发印务实业有限公司
开　　本：710mm × 1000 mm　1/16
印　　张：10.75
字　　数：150 千字
版　　次：2020 年 10 月第 1 版
印　　次：2020 年 11 月第 1 次印刷
定　　价：68.00 元
ISBN 978-7-5658-4119-4

序 言

——项目，让我们看见更大的世界！

　　项目式学习以学生为中心、以探究为过程，因而越来越受到广大教育工作者的青睐。本书阐述了项目式学习从研究和部署，到中期遇到困难进行复盘和反思，再到调整策略后学生、教师和家长都感受到项目式学习的魅力这一整个过程。通过一系列的研究和探讨，真正做到了用真实的问题点亮孩子求知的眼眸，用项目提升学生核心素养，守望孩子深度学习。这种终身的、持续的、多维的、沉浸的学习，将是未来每个生命体的学习密码。

　　2020 年春，一场突如其来的疫情，打乱了我们原本平静的生活。在这样一个长长的假期中，学校、教师、家长和孩子们，怎样善用生命的时间空档？怎样将疫情打碎的生活地图重新拼接，从而找到能力成长的新方向？

　　我们思考：在漫长的学习生涯中，如果学生从来没有获得过思考、承担项目的机会，我们很难期待其在类似的情境中可以自发进行复杂的决策；如果学生一直都被要求服从权威，关注标准答案，他们将很难形成创造力与批判性；如果学生从未进行过学科间、自我与学科之间、学科与生活之间的关联性的思考，他们的思考力和行动力都会受到极大的限制。

　　因此，学校教师发展中心邀请教师、家长、孩子们一起来设计学习，用项目式学习的理念，组织各学科进行统整，开发独具特色的跨学科项目课程，促进学生将所学知识转化为能力素养，支持学生进行深度学习。在这个特殊的时间维度里，老师可以重新审视自我教学设计的能力，家长可以看到学习更美的样子，孩子可以收获真正看得见的素养。

一、研究和部署，开启项目式学习新行动

得知开学时间推迟后，学校马上研究和部署，由教师发展中心牵头，要求各级部主任组织本级部各学科老师充分研讨，在学科统整的基础上结合学生生活实际和时事，围绕一个真实的驱动问题引导学生进行项目式学习（如：新型冠状病毒给我们的日常生活带来了很多变化，作为一个普通人我们可以做些什么吗？如何让爷爷奶奶带上口罩？如何理性看待网络上的各种关于疫情的消息……），让每一个学习者都参与一个具有真实社会影响力的项目。各学科老师为指导老师，带领学生完成相应的项目任务；各级部安排两位政进行跟进和指导，级部主任和联点行政为团队教练，进行项目管理和日常督促。

通知一发，各个级部马上行动起来：召开视频会议；根据各年级需要培养的核心素养和能力目标讨论出适合学生的驱动问题；驱动问题下设若干子问题，安排好每个子问题研究的时间节点和方式；最后还有成果展示方式和评价量规，等等。通过研讨，各年级确定的研究主题分别是：一年级——当好"小战士"，我们这样做；二年级——面对疫情，我想说；三年级——面对疫情，"手"护健康；四年级——疫情当前，我以行动爱祖国；五年级——在疫情中，我们看到了哪些"中国速度"；六年级——新时期"明星"我们这样追。

各个级部通过班主任将项目式学习方案发到班级群，各班在科任老师的指导下，项目式学习轰轰烈烈地开展起来。

二、总结与反思，设计项目式学习新思路

项目实施了一周后，部分学生参与的积极性比较高，也出现了很多精美的项目成果，但是相关问题也渐渐暴露出来。如指向高阶思维的学科素养目标不集中、家长包办现象严重、学生作品只注重结果不注重探究的过程、每天一个子问题导致研究时间不足深度不够，等等，甚至有的老师认识还不足，指导方向也跑偏了。针对这样的问题，学校行政召开复盘会议，各联点行政将各个级部的亮点和问题进行梳理，整理出了后段的工作

思路发到各个级部，各级部按照统一的思路进行下一步的操作。

1. 统一认识，确定目标

通过一张试卷截图，从小学语文调研考试题和中考命题中出现跨学科分析和对学生素养考查的动向、越来越注重对学生综合能力的考查说起，引发教师对教学质量标准、指向素养教学的思考，认识到项目式学习的意义。从而引出本次项目式学习的目标：树立全面质量观；为孩子终身发展奠基；促进教师向既教知识、培养能力，又发展学生素养转型。

2. 针对困惑，制作视频

为了解决教师指导跑偏、学生不知如何探究、家长包办代替过多等问题，学校教师发展中心组织信息部门利用网络资源，制作了《什么是项目式学习》和《项目式学习与问题式学习的异同》两个微视频，让老师、学生和家长区分什么是项目式学习、什么不是项目式学习；学校教科室研究团队制作了《小想法大不同》微视频，用具体事例带孩子们真正走进项目式学习；制作了《"宅"家，怎样陪孩子玩转项目？》微视频，告诉家长怎样更好地陪伴孩子玩转项目，怎样在项目中扮演好自己的角色，该出手时才出手，让孩子在项目中真正汲取自我锻炼和能力提升的营养。

3. 级部复盘，总结反思

有了这几个视频，各级部主任按照统一的流程组织各级部老师进行第一轮项目式学习的复盘，要求每位老师参与并发言。通过复盘，总结出标杆做法，反思不足的原因是什么，商讨后续需要采取什么行动，提出需要哪些支持。

三、调整与跟踪，精准项目式学习新指向

复盘后，教师发展中心要求各级部在原有项目的基础上确定清晰的能力目标，设计一个为期一周、能够激发兴趣和锻炼能力的驱动问题。经过激烈的碰撞、推心置腹的交流、反复的论证，各级部再次明确了以一个切口更精准的子问题进行深入研究：一年级——你觉得蝙蝠是我们的朋友还是敌人呢，应该怎么看待我们与动物之间的关系；二年级——疫情期间如何做一名合格的抗疫小先锋；三年级——如何制定一份家庭洗手公约；四年

级——疫情来临，我们的生活有哪些变化？哪些变化是好的？好的变化背后的原因是什么，有什么值得学习的地方；五年级——如何不让疫情阻挡成长的速度，"宅"出乐趣、"宅"出智慧；六年级——谁才是真正德才兼备值得尊敬景仰的"明星"？打造我们的追星计划。

为做到精讲精学，每个级部精心制作一个微视频统一发布给家长，内容包含：①上一周项目式学习小结；②这一周发布的新的驱动问题；③能力目标，建议：低年级为信息收集能力和沟通合作能力指导，中年级为重组创造能力指导，高年级为批判性思维能力提升指导；④探究过程中的"脚手架"，如：阅读、评价量表、项目计划表等；⑤学生要怎么做，家长要怎么做；⑥其他必需且合适的内容。为了给孩子良好的示范，我们要求在进行总结的时候注重方法的渗透，注重学生素养提升方面的总结，并给予学生具体的方法指导。

四、展示与反馈，享受项目式学习新成长

这一次，老师、学生和家长都有了明确的方向和目标，学校项目式学习的开展越来越深入和专业。师生异地同心，各年级同频在线，以解决真实疫情下一个个驱动问题为学习目的，阅读、搜索、思考、表达、实践……各级部认真收集整理孩子们项目式学习中的成果和产品，及时制作成果总结视频，通过展示和反馈，让学生、老师、家长第一时间享受到项目式学习带来的成长新能量。

低年级的孩子们线上积极参与、热烈讨论，围绕问题寻找资料，对新型冠状病毒这个疫魔有了更多了解，制作出了一张张介绍"新型冠状病毒"的图画、手抄报与自制绘本，有趣的苹果病毒模型，稚嫩的宣传话语、宣传儿歌和朗诵，整个过程都是真实学习的模样。

中年级孩子进行了富有实践意义的项目式学习。师生通过线上的多种方式共同学习和探讨，还展示了众多的作品和成果。有的作品虽然并不精致，但却闪烁着思维之光，蕴含自主探究的魅力。每个人都拥有自主学习的能力，我们在学习母语时，会爆发出惊人的学习能力。同样的，如果我们养成在遇到问题时，自主思考、自主解决的思维习惯，在解决困难时也会爆发出惊人的能力。自主学习是深度学习很重要的部分。但是，在项目式学习过程中，强调自主深度学习，并不意味着不能求助于他人，相反，我们倡导孩

子们积极地寻求有效帮助，因为学会有效求助、与人协作将是未来社会不可或缺的能力。"宅"在家中，我们无法寻求太多的帮助。身边的亲人，其实就是最好的资源。在孩子们寻求帮助时，我们引导家长们提供帮助性反馈。帮助性反馈需要做到：态度是友善的，建议是具体而有帮助的。在项目中，我们不停地引导孩子们寻求帮助性反馈。他们也会经常性练习用友善的态度和语言寻求帮助。渐渐地，这种习惯会成为孩子们自觉的行为，渗透到学习和生活中的方方面面。

五、六年级孩子的项目式学习明显更加深入、更加理性

在信息杂乱的特殊时期，静下心去思考、凝目去观察，是宝贵的深度学习的品质。孩子们的追星报告，虽不是长篇大论，但是观点鲜明；虽然言辞算不上犀利精彩，但是论据充足，字里行间闪着思辨、批判性思维的光芒。同时，孩子们浓浓的家国情怀和偶像情怀也让人赞叹。少年强则国强，小小少年正是价值观和人生观初步形成和确立的关键时期。相信经过项目式学习，亲身去探究、去辨别、去感悟，我们的小小少年定能看到"中国速度"背后的大国担当，能领悟到真正"民族英雄"身上的高贵品质。

在项目式学习中，我们的老师们努力为孩子们搭建深度学习的桥梁，带领孩子们寻求帮助性反馈，为孩子们设计合适的脚手架，老师们真正成为了学生学习的设计者，促进了教学观念的转变和课堂教学的真正转型。正如老师们所言："在项目式学习中，老师走下了传统的三尺讲台，不再是学习的中心。老师只是一个引导者和协助者的角色，不是教授，而是引导；不是传授知识，而是让学生学会如何学习；不是训练，而是激发自主探索。""项目式学习的魅力就在于它是一个开放性的实践活动，孩子们会看到很多美丽的风景，然后产生更多的研究分支，从而激发起孩子探索和连接世界的感官与兴趣。""我觉得生活处处都是小项目，我们不断转场，在实践中思考、迁移、巩固、提升，收获会积攒在未来更大的项目里，它们就成了获胜的锦囊。"

更重要的是，项目式学习让家长清楚地看到自己的孩子积极、热情的学习过程。家长们越来越懂得适时放手，让孩子勇敢试错，亲历探索，享受收获的喜悦。有家长发出感言："在家孩子们和爸爸妈妈认真研究驱动问题，孩子真正成了项目负责人，爸妈成了小助手，老师们及时在线答疑，班级群里小伙伴们无私分享，这样的 PBL 项目，成长的不仅是孩子，家长们也更好地理解了亲子共进、家校共建的精髓。"

　　教育不是管，也不是不管，在管与不管之间，有一个词语叫"守望"。"疫"期，我们用项目守望孩子深度学习，温暖成长。期待在我们的项目式学习中，真实的问题能点亮孩子求知的眼眸，帮助性的反馈和不断反思能让学习更加美好而有意义。

李婷　许天金

长沙市岳麓区第一小学

2020 年 3 月

目　录

第一章
教师视角下的 PBL 课程设计

　　项目式学习（PBL）强调学生基于现实问题的主动探究，是变革传统课堂教学的新型模式，有助于促进传统教育向素质教育的转化。作为学校多元课程设计路径的重要选择，我们对项目式学习的实践探索也经历了从浅至深、从局域向广域的不同阶段。在探索过程中，我们从实操教师的视角来审视 PBL 课程设计，并为此进行经验的总结和提炼。

本世纪初，随着新课改的开展，越来越多的学校开始课程设计的探索，越来越多的老师开始尝试新的教学方法、教育技术、教学理念。基于项目的学习（PBL），也开始进入学校教师的视线。项目式学习要求学生通过自主的参与、探究，达到解决问题的目的，其树立学生为学习主体的观念，被一线教师广泛认同。意义和价值的认同，也促使更多的一线老师投身实践。

在当今信息化、互联网时代，老师们早已明白自己不是知识的唯一载体，更不是知识的权威，而是学生学习环境的设计者、学习困惑的帮助者，甚至是共同学习的伙伴。更加灵活、更加广域的师生关系，必然要求教师用更加广阔和深邃的视野来看待教育，项目式学习无疑是不错的选择。

古语云：力行而后知真。亲历者的经验反思和价值判断，往往更能激励后来者坚持实践，并为其指明方向。在实践项目式学习的过程中，我们不断地打开视野，力图通过生涯发展的方向，通过学科视野，通过核心素养的要求来寻找更好的课程实施路径和解决方案。其中，最为宝贵的当属来自于我们一线教师的思考，这些一线教师，有校级项目管理者，有班主任，也有学科老师。身份的不同，必然带来视角的不一样，也必然带来思维判断的精彩碰撞。

接下来，我们将以不同岗位、不同学科的教师视角来一览 PBL 课程设计中的思与悟。

姓　　名	张文文	职　务	班主任
在这一轮项目式学习中，我做了什么？	我组织了1706班大多数同学参与了"面对疫情 手护健康"的项目式学习，我将班级同学按学号顺序分成了五个学习小组，并任命每个学习小组的小组长。小组长的任务就是发布驱动型问题和子问题，组织组员进行发言，之后归纳总结每位小组成员发言的要点。我再进行五个小组的归纳和总结，并收集每个阶段孩子们创作出来的文字、绘画、手抄报和视频等作品。		
我的收获	我真正认识了项目式学习以及其运用到教学中的好处，这也指导了自己以后教学的一些方向。最重要的一点是，之前我上课总是会担心孩子们听不懂，没有消化知识点，所以会一遍两遍地去灌输知识。现在我觉得应该放弃自己对教室的完全控制，应该把更多的主动权交到学生手上，让他们去主动理解，或者用自己的方式去记忆。		
我的反思	"授人以鱼不如授人以渔"，我觉得这句话再好不过地描述了PBL学习的方向以及好处。学生进入PBL时，应教会他们承担责任和压力，让他们自己决定如何找资料、怎么做计划、如何去探究、时间如何分配、成果如何展示和分享、中间碰到的各种问题如何解决。因此，在项目完成后，除了那些看得到的知识和作品，学生还会学到很多技能，如感受力、耐力、试错、批判性思考、团队协作、自我管理、解决问题等。		
对项目式学习的新认识？	我理解了项目式学习和传统式教育的不同，在项目式学习中，老师走下了传统的三尺讲台，也不再是学习的中心。老师是一个引导者和协助者的角色，不是教授，而是引导；不是传授知识，而是让学生学会如何学习；不是训练，而是激发学生自主探索。 困惑： 1. 不知道怎么更好提出具体的驱动型问题和子问题，对于问题广度和深度的把握还是觉得很拿不准。 2. 在家长不能很好地支持和引导的时候，孩子不愿意去思考的时候，怎么激发孩子们的兴趣。		

姓　　名	李月	职　　务	体育教师
在这一轮项目式学习中，我做了什么？	在这一轮的项目式学习中感觉自己做的并不多，因为婷姐和樱子姐太给力了，我学习了很多。		
我的收获	这一次的项目式学习，引发了我对学科项目式学习研究的兴趣。		
我的反思	二年级的项目式学习，在樱子姐的给力带领下学生学会了收集资料、整理资料、归纳资料，在这个过程中，学生掌握了处理信息的能力，解决问题时更加有逻辑性和系统性，在这个过程结束之后，可能大家不会马上非常明显的看到成果，当然！相比成果，我们更加注重过程，可是如果注重学生过程习得的同时，又能在结果中非常明显的看到学生的成长和收获，岂不是两全其美？ 那么在学科中呢？我想让结果更加可视化。 之前李晖校长打过一个比方，用体育项目中的篮球运动进行举例，如果一个学生学会了运球、投篮、控球、传接球等这些技术动作，可是他不会进攻、不会防守、不会打比赛，也就是说他只是学会了这些技术动作，不会运用，那么这些技术动作只是碎片化的动作练习，没有办法赢球。 那是否可以针对如何赢球去进行项目式教学的开展，通过阶段性的项目式教学让学生学会如何运用技能，最后学生打赢了这一场篮球比赛，这个结果是不是可视化？ 还有美术学科，美术学科有五大要素，以审美判断为例，审美判断可以从生活、自然、文化三个方面思考，比如说生活吧，学校里布展、拍照什么的是不是都会想到要美术老师来，为什么呢？因为展示的成果比较美？因为他们审美好呀！我突然想到自己是学体育的，经常被定义为头脑简单、四肢发达、审美单调，心里会觉得有一点难过，虽然我是学体育的，可是小时候我也学过美术呀，为什么我就没有美术老师的审美呢？我能想到的可能就是因为我的美术老师当时没有进行审美的项目式教学，所以我审美不如美术老师，那么我们可不可以针对审美判断这个点去进行项目式教学呢？		

续表

我的反思	我觉得可以试一试，比如：课堂中，我已经认知到了一些色彩，知道了图画结构等，那我怎么运用这些美术知识点进行色彩搭配和构图设计，拍出一张看上去色香味俱全的美食照呢？而且学科项目进行也是可以跨学科融合，进行综合思维的锻炼。 那是不是每一堂课都进行项目式教学的研讨？如果时间不够，精力有限，在学科项目式团队里进行研讨的，可以是水平阶段中的总教学目标，比如说体育水平一，主要是针对学生的柔韧性，就可以进行研讨，探讨出一些完善的评价体系、项目墙模版等一些"脚手架"和驱动性问题，比如说：身体可以变成几个不同的"一"？学生在找寻答案的时候就会自己去尝试，尝试之后引导学生去思考怎样才能变成多个"一"，因为有的学生柔韧性达不到，他可能就变不了，如果是在他自己的探索和尝试中发现一些针对性的练习，可以帮助自己达到，他应该会开心，然后也会愿意去尝试和练习，虽然有一些练习原本就存在，可是是他自己思考发现的，不是别人告诉他的，他会觉得好开心、好神奇啊！而且在这个过程中他会运用一些身体锻炼来达到身体的柔韧表现。
对项目式学习的新认识？	综上所述：我觉得可以试试针对学科进行项目式团队组建，以此来推进项目式学习和提高老师对项目式课堂教学的参与度。

姓　名	欧阳芳	职　务	级部项目管理者

由于这次疫情学校要求全员开动项目式学习，我这个对项目式学习仅略知皮毛的主任也只能硬着头皮写方案、做课件、写小结、录微课，虽然看着只有四道工序，但每个过程都让人"受虐"多次。有同伴建议：有些事可以交给老师们去做，这话说起来容易！疫情期间，有说在乡下没电脑的，有说自己不懂的；接受任务的，找来的课件模板不如意、录的音频要改动、做的微课有杂音，学校给的时间又短，还不如自己一肩挑，累就累一回！三番四次地修改方案，自己都无从下手，还要带着一帮个性不同还不完全熟悉的年轻人去做，熬了几天几夜甚至崩溃到给王老师打电话倾诉，所幸有王老师的全程陪伴指导、"诸葛帮"天金的恰当建议、学校四个微视频的及时发布、婷主任和书记的鼓励、冰冰的技术支持、李校长的言语肯定，终于全盘规划了一个项目，主持（2 月 18 日）或参与（3 月 2 日）了两次级部复盘会，带领老师们跌跌撞撞地完成了为期三周的项目式学习，看到了学生、老师和自己的成长。

1. 发现了不一样的孩子

说起当初定这个和"手"有关的项目，就是想起自己教的 1708 班很多男孩子，地上爬的、楼道躺的，个人卫生总让我摇头，希望借疫情让他们养成好习惯。结果，1708 班少有作品，倒是 1703、1704、1707 甚至 1705 班孩子的思维让人惊讶不已。1703 班喻银老师因为是按照我的第一套分学科方案做的，所以她班孩子作品涉及各个学科，形式最丰富。王珏同学根据《下山》曲调改编的《洗手歌》和杨懿嘉同学将广播操口令用于七部洗手法做的《洗手操》，还有做免洗洗手液、用尿不湿自制口罩的视频，编的"宅"家战疫数学题，为医护人员设计的消毒机器图，真是令人叹服。1704 和 1707 班孩子以诗歌和作文形式呈现最多，说明语文老师魅力足，其中 1704 班刘书雅这个平时较为内向胆小的孩子都因为项目式学习而变得自信大方，侃侃而谈她的看法，真是令人刮目相看。

2. 认识了不一样的老师

虽然自己是年级组长，但说实话，与级部老师们的接触和了解并不多，除了王老师、谢维、左垚、刘峥几位我以前共事过，其他十多位几乎都是支教回来后才认识，平时工作除了传达通知时楼上楼下打过照面外，也没有很多深入交流，但在本次项目式学习中，全员都到班到组参与对学生的指导，同时准时参加级部线上讨论交流。记得 2 月 18 日第一次复盘会时，大家都准时进入 QQ 群，为项目下一步如何深入各抒己见，平时不太发言的李中玲老师提出第一阶段驱动问题设置过窄，以致于孩子们都被"洗手"思维定势了，何不设置一个问题"面对疫情，'手'护健康，这里的'手'让你想到了什么？"来拓宽孩子们的视角，然后再引导他们根据自己眼中的"手"提出相关的研究问题，在此基础上逐步探究下去。她的想法得到了大家的一致认可。同时，在线的每位老师都积极地表达着自己的想法和意见，交织在一起碰撞出

续表

智慧的火花。正所谓"众人拾柴火焰高"，经过两个小时扎扎实实的讨论，年级第三阶段的项目驱动问题和相关子问题落地。因为老师们的积极发言，才使得自己打开思路，制作出了年级项目式学习启动的微视频。到3月2日的第二次复盘会时，他们的发言又比第一次有了更多的思考和精彩，当时王老师主持完会议后，立马就给我打电话说："欧阳，我发现这些孩子太可爱了，每个人都有不一样的想法，你真是要把他们好好带起来！"

3. 激发了不一样的自己

说起微视频，我要说：我终于学会自己独立做微课了！几年前虽然参加过戴冰组织的希沃技术培训，但我并不是很感兴趣，觉得自己也不年轻了，无需再参加赛课等"抛头露脸"的事，教学中能做简单课件即可，所以从没试着做过一次微视频。这次"宅"家，只能自己问"度娘"，自己一次次琢磨实践，被时不时死机的台式电脑折磨，终于无师自通，人生第一个微课就献给了项目式学习，还是在将知天命的年龄。所以，人不管任何时候，还是要逼着自己学习、进步。

年级项目式学习虽然告一段落，但我们还会继续思考行动：如何让更多的师生受益于项目式学习？既然一线教师是项目式学习落地的执行者，是否应该给老师时间和空间去做项目，让他们走出去学习他山之石，再用于自己的各科课堂实践？

第二章
带你看实操型项目式学习的全貌

案例项目：一年级"小小战士抗'疫魔'"

项目式学习促进学生大脑的发展，促进学生知识、能力与态度的融合，为实现知行合一的教育目标提供有效的方式方法。项目式学习不是深奥的理论，而是有实操性、多样性、创新性的教学方式。本章通过项目式学习方案设计、实施过程中的注意事项、怎样进行成果展示三个方面的阐述，带你了解实操性项目式学习的全貌。

第一节
如何进行 PBL 项目式学习方案设计

　　传统的教学模式被很多人诟病，包括我们一线的教师们。我们是教学的最直接实施者，但是我们明白在传统的教学设计中，大量的知识技能类目标将有限的课堂时空塞得满满当当，外来目标要进入这张层层密布的网，是非常困难的。

　　作为目前世界上可能最跨界、最创新的学习方式——项目式学习（PBL），已然成为智能时代教师转变教育教学方式时最青睐的选择。

　　那么如何进行项目式学习方案的设计？这是每一位教师真正进行项目式学习之前必须解决的问题。

一、厘清项目式学习与项目式学习方案设计的边界

　　随着项目式学习在许多学校推广和实践，关于项目化学习的定义也被广泛熟知。

　　项目化学习的定义很多，作为深度实施项目式学习的学校，经过多次实践后，我们认为阐述比较详细、精准的是巴克教育研究所所下的定义：

　　学生在一段时间内通过研究并应对一个真实的、有吸引力的和复杂的问题、课题或挑战，从而掌握重点知识和技能。项目化学习的重点是学生的学习目标，包括基于标准的内容以及如批判性思维、问题解决、合作和自我管理等技能。

　　根据以上定义，我们不难看出项目式学习之所以得到一线教师的青睐，是因其拥有真实性、结构化、驱动性、探究性等传统教学不具有的特质。事实上，依然有很多教师存在"项目式学习"与"非项目式学习"的分辨痛点，而解决这一痛点是进行项目式学习方案设计的必备条件。

开展项目式学习过程中，我们进行了项目式学习教师的问卷调查，发现最容易混淆的是项目式学习与基于问题的学习、探究性学习的区分。

项目式学习与基于问题的学习、探究性学习如同"孪生兄弟"，都是以问题为驱动，注重持续性的深入探究的学习方式。区别在于，项目化学习需要解决某个问题，产生可见的公开成果，引导所有参与者和公众对成果进行评论和分析。成果的修订、完善、公开报告的过程被看作学习的重要组成部分。基于问题的学习和探究性学习并不特别强调成果，最后的结论可以是开放的。

厘清项目式学习与基于问题的学习、探究式学习的边界，对项目式学习方案的设计有着至关重要的作用。较为清晰的概念，能让我们在项目式学习方案的设计之初，牢牢把握项目式学习的一些"黄金准则"（源自巴克教育研究所）：

1. 重点知识的学习和成功素养的培养；

2. 解决一个有挑战性的问题；

3. 持续性地探究；

4. 项目要有真实性；

5. 学生对项目要有发言权和选择权；

6. 学生和教师在项目中进行反思；

7. 评论和修正；

8. 项目化学习成果的公开展示。

实践中项目式学习与基于问题的学习、探究式学习等等这一类"非项目式学习"和"类项目式学习"的区分一直是教师们争论与探讨的焦点。下面我们以小学一年级开展的跨学科项目式学习"小小战士抗'疫魔'"的初步设计为例，比较项目式学习设计与基于问题的学习设计之间的差别：

背景:"宅家"学习,抗击新冠疫情,赋予一年级的孩子"小战士"的身份,参与到抗击疫情当中。孩子们该如何当好这名"小战士"，更好地去对抗"疫魔"呢？

	项目式学习	问题式学习
驱动问题	蝙蝠是我们的朋友还是敌人？	我们怎么认识蝙蝠？
目　　标	批判性思维初阶培养	了解蝙蝠的相关知识
成　　果	可公开展示的多种形式的作品	一幅作品（图配文等）
评　　价	自评、父母评、师评	老师评价

在实践中，项目式学习和基于问题的学习、探究式学习等学习方式有诸多类似之处，我们应该更加包容、更加广域地看待。无论哪种方式，如果能脱离机械呆板的灌输式教育，都是值得鼓励的。实际上，在项目式学习推进过程中老师们也通过厘清概念、明晰目标、修订驱动问题、提升思维层级等手段，不断地探索和修正，推进更高质量的项目式学习。

在厘清一些项目式学习的概念边界后，我们回归到什么是项目式学习方案这个问题。项目式学习方案实际上就是指我们通过一套系统综合的方案计划来设计学生的学习。

学习不再是被动地、机械地习得固化的知识和技能，也不是孤立反复的训练各种认知技巧，而是在情境中获得生长性的经验，再自主的迁移创造运用的过程。而这一过程，学生无法自发的去经历，需要一套完整的、真实的、有层次感动的行动指南——项目式学习方案。这一套方案需要包括对学生观察、思考、讨论、争议、运用证据、实验、决策、行动、展示等要素的安排，也包括教师、家长的引导、支持、评估等要素的部署。

二、完整的项目式学习设计方案是这样的

夏雪梅在《项目化学习设计：学习素养视角下的国际与本土实践》中提到：按照项目化学习所覆盖的知识范围、对学校课程的影响力的大小，我们可以将项目化学习划分成微小项目化学习、学科项目化学习、跨学科项目化学习、超学科项目化学习四大课程样态。

针对不同样态的项目式学习，方案的设计要求也将有所偏重。在起草项目式学习设计方案时，老师们可以试着问自己一系列与项目有关的重要问题：

这个项目是以半结构化的问题为中心，并且对学生意义重大吗？

学生是否可以产出对社会有价值的东西？

这个项目可以激发学生的好奇心吗？

这个项目是否传授了能力，并鼓励学生发展当今世界所需要的特长？

这个项目是否让学生有机会与他人交流并分享他们的观点？

这个项目是否帮助学生和成人之间进行有意义的互动？

这个项目是否使得老师和学生之间开展合作？

这个项目是否让学生反思他们在学术和为人上的成长？

在实践的过程中，老师们尝试通过预设性的发问来确定项目的具体样态和基本方向。同时，越来越多的新晋项目式学习导师渴望得到更加系统和具体的方案设计样例。

下面将以我校一年级开展的项目式学习"小小战士抗'疫魔'"为例，展示实操性项目化学习设计方案的全貌。

背景要素：

天下承平日久，在绝大多数人生命体验中，"战争"一词离我们太远。但如今这场来势汹汹的疫情，无疑就是一场不见枪炮、没有硝烟的战争。在这场战争中，我们有明确的敌人，那就是新冠肺炎"疫魔"。这个敌人狡猾、强大且凶狠，至今我们还摸不清其来路，每天刷新的确诊人数、死亡人数深深刺痛着大家的心。要想重获新生与太平，我们就必须战胜它，不然国将无宁日，人将无定心。既然是一场战争，我们就必须正视自己的"战士角色"。本次项目式学习与研究，拟在培养一年级的孩子如何当好一名"小战士"，坚定信心，从自己做起，带动身边的亲人进入"战士"角色，坚决打赢疫情攻坚战。

目标要素：

能力目标：当好"小战士"，在抗击"疫魔"过程中提升收集信息、合作探究、思维判断、语言发展、灵活动手、艺术创造、归纳整理和解决问题等各方面的能力。

知识目标：通过这次学习了解"疫魔"的特点，学会防疫宣传小知识和宣传方法，研究野生动物与人类的关系，准确表达自己作为"战士"应该怎么做。

情感目标：通过学习，做到有耐心、不喊委屈、不畏难；学会合作和规则意识，做到有担当、能理解、肯包容；要拥有在急难险重任务面前绝不退缩、绝不言败的精神。

参与对象：

全体一年级老师和学生

实施时间：

第一阶段：2020年2月10日—14日

第二阶段：2020年2月24日—28日

实施方式：

网络学习、集中讨论、小组在线合作

驱动问题：

孩子们，在 2020 年的这个寒假，你们是否发现，我们生活的世界，其实并不是那么高枕无忧；我们并不是只沉浸在书本的世界中便能当好建设者和接班人。面对这场没有硝烟的战争，我们一年级的小朋友都是"小战士"，可作为"小战士"的我们，如何才能战胜"疫魔"？我们能做些什么？应该怎么做呢？

实施计划：

第一阶段

板块	时间规划	内容规划	课程实践	主要负责人
知己知彼，百战百胜！（项目主题确定与分解）	2月10日—11日	1. 驱动问题发布 2. 在线子问题讨论1：什么是新型冠状病毒？它有什么症状？传播途径？如何预防？ 3. 梳理小结，归纳整理大家的发言	制作绘本、视频，采访家长、老师或观看阅读新闻资讯等	班主任为主、副班主任为辅
探讨作战计划（项目设计）	2月12日—13日	1. 子问题讨论2：我是"新型冠状病毒肺炎小小宣传员"，怎么向身边人宣传？（比如：疫情期间，怎样让想随意出门的人不轻易出门呢？怎样让一定要外出的人正确戴上口罩呢？等等） 2. 集中梳理：大家提出的作战计划是否可行？	分组讨论：我是小小宣传员，我会怎样做？	副班主任为主、班主任为辅（提前分组，先在自己的组内讨论，然后派代表在大群发言）
战略实施（项目探究与实施）	2月14日	通过这次战役，我学会了什么？在以后的学习生活中我会怎么做？	思考并延伸到各个学科	各学科老师指导

第二阶段

任务单			目标
了解蝙蝠的样子、特点、生活习惯和与人类的关系			提升孩子的信息搜集能力、沟通合作能力
蝙蝠是我们的朋友还是敌人呢？为什么？			提升语言表达能力与思维辩证能力
板块	时间规划	内容规划	课程实践
问题发布	2月24日	1. 驱动问题发布：蝙蝠是我们的朋友还是敌人呢？ 2. 可以小组分工合作	通过电话、微信、qq与小组成员交流、分工明确、资料收集
合作探究	2月25日—26日	探究子问题1：了解蝙蝠的样子、特点、生活习惯和与人类的关系	尝试用拼音在百度搜索有关蝙蝠的资料，阅读有关蝙蝠的绘本故事，观看相关视频、新闻，采访父母等了解蝙蝠
有效实施	2月27日	探究子问题2：蝙蝠是我们的朋友还是敌人呢？为什么？	收集证据 研讨论证
成果呈现	2月28日	收集整理，用证据证明：蝙蝠一定是我们的敌人吗？	编一个童谣、录一个视频、演一只蝙蝠、讲一个故事，或是制作思维导图、连环画、小报、皮影戏、舞台剧等

预期成果：

形式不限：编一个童谣、录一个视频、演一只蝙蝠、讲一个故事，或是制作思维导图、连环画、小报、皮影戏、舞台剧等。

活动评价：

评价量表（请孩子、家长、老师都进行评价，在"表现出色""需要帮助""还需努力"下方选择打"√"）

评价指标	表现出色	需要帮助	还需努力
我能根据"蝙蝠是敌人嘛？"这个问题思考如何开始进行本次学习，有自己的学习探究计划			
在探究过程中能主动思考、积极寻找解决问题的方法			
会想办法筛选信息，形成自己的思考			
积极与伙伴交流沟通，会表达自己的想法			
成果展示有不断改进的过程			

支架工具

"小小战士抗'疫魔'"学习设计活动任务单

rèn shí yě shēng dòng wù
认识野生动物

班级： 姓名：

wǒ xiǎng rèn shí de yě shēng dòng wù shì kě xiě pīn yīn
我想认识的野生动物是（可写拼音）

huà yī huà
一、画一画

tā de yàng zǐ
（一）它的样子

（二）它的生活

　　项目式学习设计方案是项目式学习有效推进的操作"地图"。有预见性的、细致全面的项目式学习方案，能更加有效的落实项目式学习的真正作用，助力学习者的心智转化，实现知识和能力、课堂和实践的真正流转，创造出新的学习样态。

三、项目式学习方案设计的十大要素

　　上一部分，我们了解了实操性项目化设计方案的全貌。

　　那么，如何制定这样的项目式学习方案？

　　经过反复的探讨和实践，我们总结出跨学科项目式学习设计方案的十大要素：背景要素、目标要素、参与对象、实施时间、实施方式、驱动问题、实施计划、预期成果、评价方式、支架工具。项目式学习的要素与一般教学计划的要素有着本质和内涵的不同，每一个要素都有其内在的符合项目式学习特质的要求：

背景要素：

阐述真实的情境

目标要素：

指向项目式学习的核心知识

参与对象：

区分不同年龄的认知规律

实施时间：

遵循项目式实施独特的时间要求

实施方式：

考虑项目式实施的客观环境限制

驱动问题：

引发学生主动投入

实施计划：

合理布局持续学习的内容和方式

预期成果：

为学生公开成果的形式提供建议

评价方式：

如何评价学生的学习过程和学习成果

支架工具：

为学生深度学习提供"脚手架"和认知工具

十大要素组成的项目式学习方案已经远远超出了原来的"教学设计"的范畴，这十大要素既是方案设计的要素，也是项目化学习有序推进的十个环节，是在知识观、学生观、教师观、教与学的关系等多个层面上进行的统整，是对"学习"这一高阶思维活动的设计。

　　总而言之，项目式学习方案的设计不是固定、孤立的，一个要素的变化会影响其他要素，并且彼此之间不是线性的关系，在实施过程中，发现成果和评价与目标要素、驱动问题有所偏差，回过头进行有效的调整，也是经常且必要的。

第二节
项目实施过程中要注意什么

如何去实施已经设计好的项目方案呢？在实施过程中又该注意哪些问题？我们可以从本节中得到答案。

项目实施是项目推进的实质性阶段，在这个阶段，我们要把项目设计中的十大要素一一落在实处。下面以我们一年级的项目实施为例，用实施流程图来说明如何去实施已经设计好的项目方案。

一年级"小小战士抗'疫魔'"项目式学习实施流程图：

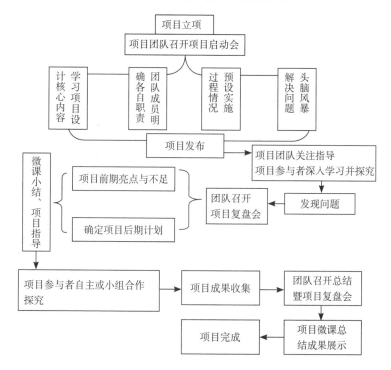

实施流程图并不是使项目顺利实施的最终法宝，还要加上实施过程中应该注意的事项才是，这也是本节要讲述的重点内容。那么，在项目实施的过程中究竟要注意些什么呢？我们从以下三方面来谈。

一、注意项目实施准备

项目实施准备是在项目设计实施之前，花一定时间和精力对项目团队，包括项目设计者和参与者进行培训、宣传、说服和动员，营造有利于实施项目计划的气氛和环境。项目团队在启动会上需要做到：

1. 对项目设计方案认真研究和预设，讨论每一个要素的具体内容是否完整合理、切实可行；

2. 项目所需提供的脚手架和参考资料是否科学权威；

3. 团队成员有疑问时线上讨论，然后通过"头脑风暴"解决问题。

案例解析：一年级项目团队线上召开启动会研讨并群策群力解决相关问题部分截图。

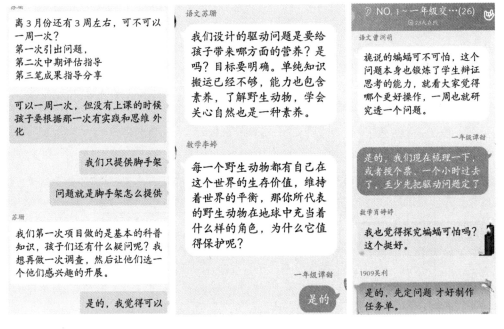

如果项目准备不充分就仓促铺排，不仅会造成骑虎难下之势，还会对项目实施的后续工作造成一定的影响，所以，前期准备非常重要。

二、注意项目设计的执行

项目计划执行是指通过完成项目范围内的工作来完成项目计划。项目计划执行的主要依据就是项目计划。在项目计划执行过程当中，应当做到：

1. 项目发布后，项目团队必须对参与者的实施进行各种学习指导并协调好项目中参与者与家人的关系，此处指的是学生与家长之间的关系；

2. 在项目执行的整个过程中，项目团队的所有成员都要随时保持通讯畅通，互通信息；

3. 如果分阶段进行项目式学习，那么，阶段小结必不可少，它发挥着承上启下的关键作用，不仅是对第一阶段项目式学习的成果进行肯定，而且是对第二阶段项目式学习的鼓励和指导。

案例解析：一年级项目式学习给参与者的第一阶段小结和第二阶段指导文稿。

小小战士抗"疫魔"

亲爱的孩子们：

大家好！

上一周我们一年级进行了"小小战士，抗'疫魔'"的项目式学习，停课不停学，老师与你们用微信语音交流的方式共同学习和探讨。大家线上积极参与、热烈讨论，线下围绕问题寻找资料，小组讨论，对新型冠状病毒这个"疫魔"有了更多了解。生活中，你们既能保护好自己，又能以身作则，给身边人做好防疫宣传，俨然成为了一名真正的抗疫小战士！你看，一张张介绍"新型冠状病毒"的图画、手抄报与自制绘本，让老师感受到了大家收集资料和动手能力的提升，小战士们激昂的宣传话语、宣传儿歌和朗诵，更让老师觉得你们更自信了，语言表达也更清晰了，短短的时间，你们不仅获得了知识，解决问题的能力也有了很大的提升，老师为你们点赞！更为你们感到欣喜与自豪！可是老师猜，在这个过程中，很多时候都有爸爸妈妈的帮助甚至代劳吧。究竟哪些成果来自于你们自己的思考和发自内心的表达呢？

为了让我们的成长真正看得见，我们一年级所有老师也停下了脚步进行思考和探讨，怎样让聪明的你们能量加倍呢？在这一周，我们的小宇宙能量将要发挥得更充分。老师想问问大家，你们知道新型冠状病毒是从什么野生动物身上传播来的吗？是蝙蝠吗？那蝙蝠一定是我们的敌人吗？这就是我们接下来要探讨的问题。嗯，不用急着告诉老师答案，我们用一周的时间来思考和探究，好吗？

要弄清楚蝙蝠是敌是友，还是根本与我们毫不相干，首先就要弄清楚蝙蝠的模样、特点、生活习惯和它们与人类的关系。而这些问题你们打算怎么解决呢？老师建议你们：

1. 找找家中关于野生动物的书籍，看看有没有关于蝙蝠的介绍。

2. 寻求家人帮助时，我们可以学习怎样查找，以及到什么地方可以查找这些资料。

3. 我们不仅要学会怎样去查找资料，还要辨别资料中哪些对你们有用，找到能解决问题的关键信息。

4. 不认识的字可以查字典或请爸爸妈妈标拼音。

5. 你还可以打电话跟同学交流，结成学习搭档和学习小组，进行分工，一起商量和探讨收集信息和解决问题的好办法。

6. 老师会提供一些资料供大家参考，见 QQ 群。

除了这些，老师还想告诉大家，仅凭一张图、一份资料、一个故事或一篇报道，就判断出蝙蝠是敌是友，是不够科学的。我们要收集很多的信息，反复证明，多多思量，才能形成自己的答案。

等你有了答案，老师建议你表达出这三个方面：

1. 介绍你自己；

2. 用至少两个证据证明你的观点：蝙蝠是敌人还是朋友？

3. 你决定用什么态度或方式来对待蝙蝠呢？

要表达出以上内容，你有很多的方式，比如：编一个童谣、录一个视频、演一只蝙蝠、讲一个故事，或是画下思维导图、连环画、小报等，请开动你的脑筋，与你的小伙伴商量，老师期待你的精彩呈现。

对于"精彩呈现"四个字，老师要特别说明：你的视频可以请爸爸妈妈录制，但内容可是由你自己定哦！你编的童谣可以请爸爸妈妈提出建议你自己再修改，可不能由爸爸妈妈修改；你画的画，都得是自己的想法和创意，可以请老师同伴或家人提出建议，再改良。对于小小的你们来说这可不简单呀，别担心，你的作品可不是一次就成功的，老师关注的是你在这个过程中的成长，把你一次又一次改进的作品都保存下来，发给老师看，好吗？

　　现在，老师为大家提供了一个评价量表，有这样五个评价的内容：请我们的家人一起来了解，从这五个方面去开展你的研究准没错，这个表格我们要请家人来打勾哦。

　　评价量表　（请家长在"表现出色""需要帮助""还需努力"下方选择打"√"）

评价指标	表现出色	需要帮助	还需努力
我能根据"蝙蝠是敌人嘛？"这个问题思考如何开始进行本次学习，有自己的学习探究计划			
在探究过程中能主动思考、积极寻找解决问题的方法			
会想办法筛选信息，形成自己的思考			
积极与伙伴交流沟通，会表达自己的想法			
成果展示有不断改进的过程			

　　亲爱的同学们，探究的过程如果遇到困难，不要退缩，要学会自己想办法，如果你实在解决不了，老师随时欢迎你的咨询。在此，也请我们的爸爸妈妈们给与鼓励与适当指导，可不要包办哦，请注重过程中孩子解决问题能力的培养，而非研究成果。

　　好了，亲爱的孩子们，行动起来吧，蝙蝠到底是不是我们的敌人？期待你的研究成果。我们下周见。

　　巨人史玉柱曾说过：当战略定好后，关键在于执行力，细节决定成败！项目设计的执行也是整个项目成功与否的最关键之举！

三、注意调整项目实施过程

　　项目计划付诸实施之后，可能会遇到意外情况，使项目实施不能按照项目计划进行，出现偏差，正因为如此，才需要项目团队进行及时调整，确保项目顺利实施。比如，在实施过程中发现驱动问题不符合参与者年龄和心理，参与者觉得有难度或者不感兴趣，可不可以调整驱动问题？答案是肯定的，而且有必要及时调整。又如参与者在实施过程中所花的时间超过项目设计方案中的预期时间，可不可以调整呢？答案仍然是肯定的。也就是说在项目实施过程中如果发现问题需要调整，那么背景不变，设计中的其他要素都可以针对性的进行调整。

　　一年级"小小战士抗'疫魔'"项目式学习之所以有两个阶段，也正是因为在实施过程中发现问题然后进行的调整。

调整内容	第一阶段	发现问题	第二阶段
驱动问题	作为"小战士"的我们，如何才能战胜"疫魔"？我们能做些什么？应该怎么做呢？	问题指向可以更明确，可使参与者更积极、更感兴趣	蝙蝠是我们的朋友还是敌人呢？
项目目标	主要是搜集信息、语言表达等能力的提升	可以在此基础上进一步提升其他方面的能力	主要是提升沟通合作、思维辩证等能力
支架工具	项目团队在班级 QQ 群或微信群以授课的形式进行指导	形式往往局限于师问生答，不是自主学习，更没有深入研究	微课视频小结和指导，提供方法、建议和任务单，学生独立或小组分工探究

有思想上发现问题的"破冰"，才会有行动上解决问题的"突围"。在实施的过程中我们不仅不能生搬硬套还需要突破一些条条框框。

项目实施除了项目设计者和团队需要注意以上三个方面的问题外，还需项目参与者在实践过程中做到知、行、思合一，既要做到思维逻辑清晰切中项目核心，又要将终身学习的心态带入项目情境从而转换心智。相信对所有这些该注意的事项都注意了后，项目一定能顺利完成！

第三节
如何完成项目成果展示

　　项目式学习从设计到实施并没有结束，项目参与者对驱动问题进行深入学习探究，根据项目设计要求和团队的指导将学习的过程选择多种形式中的一种呈现出来，最终形成自己的项目学习成果。这个成果可以是在项目式学习结束时产生的作品、产品、报告等。那么，如何完成项目成果展示呢？这一节我们来详细阐述。

一、做好充分的准备

　　首先，项目团队要指导项目参与者做好充分的准备，尤其是心理准备。如果做好了心理准备，一切准备就都已完成。什么意思呢？如：我们拿到一个项目设计方案时，就要从心理去预知即将发生的事情，并在心理和身体做出相应的应对措施，做好了这些应对措施就相当于做好了所有的准备。而这些准备又包括：

　　1.转换角色：项目参与者根据项目设计的情境，进行身份代入，身临其境的去设想和感受整个项目。比如，"小小战士抗'疫魔'"项目式学习主要是赋予一年级的孩子"小战士"的身份，参与到抗击疫情当中。孩子们该如何当好这名"小战士"，更好地去对抗"疫魔"呢？让自己进入"战士"角色，坚决打赢疫情攻坚战。

　　2.正确认识自我：我会画画、写作还是编儿歌等？选择自己感兴趣的、擅长的去着手准备。

　　3.做好思想准备：思维清晰，知道自己要干什么。

　　4.想象最坏的结果并做出解决问题的方案，让自己心理不慌。

　　5.给自己多一些鼓励，相信自己，要拥有在困难面前不退缩、不言败的精神。

二、完成项目成果的方法有哪些？

（一）以始为终

什么是以始为终？就是先制定计划，然后按照计划来实施从而达到目的。项目参与者学习完项目设计后，可以根据驱动问题制定实施计划，根据实施计划一步一步来完成项目成果。这种方法思路清晰、目标明确，可以更好的帮助项目参与者指明项目成果展示的方向。下面我们欣赏一年级的孩子用以始为终的方法创作的作品。

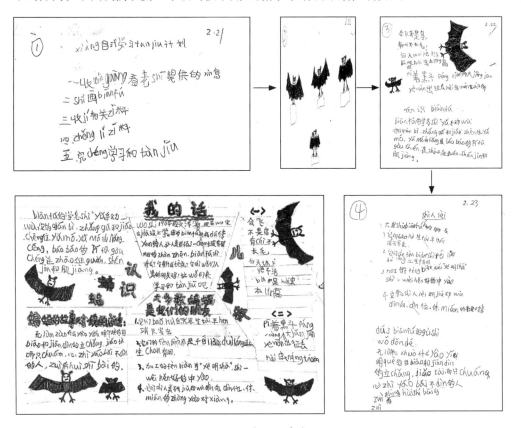

1904 班文泽源同学作品

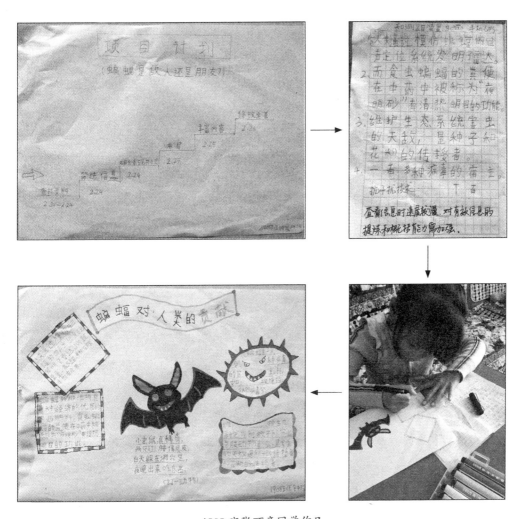

1908 班张可辛同学作品

从作品中可以清晰的看到项目参与者是如何根据自己制定的计划一点一滴完成项目成果的，所以以始为终的方法值得借鉴。

（二）以终为始

什么是以终为始？史蒂芬·柯维（Stephen R.Covey）在《高效人士的七个习惯》（*The 7 habits of Highly Effective People*）中提到的第二个习惯是"以终为始"（Begin with the end in mind）。以终为始讲的是：先在脑海里酝酿结果，然后进行实质创造。这是一种逆向思维，想清楚了最终的目标，然后努力朝目标方向实现。项目式学习成果的呈现也可以根据这个方法来完成。项目参与者根据驱动问题和指导建议想到自己最终要以什么方式来展示，然后根据想到的成果来一步一步实施，最终完成项目成果。这种方法可以发掘参与者心底最根深蒂固的价值观，一举一动，一切价值标准，都以最终愿景为依归。着手做任何一件事前，先认清方向，这样不但可对目前所处的状况了解得更透彻，在追求目标的过程中也不致误入岐途，白费工夫。如何做到以终为始来完成项目成果呢？我们可以听一听项目参与者的家长介绍孩子在完成项目成果的思维过程。

1908班姚逸瑶的家长说：

姚逸瑶开始想用画画完成这次学习，我就建议，每次都是画画，可不可以换个方式，她说手工也不错，我说手工也经常做，后面她自己就发散想到了编儿歌（之前也做过了，让她再想）、演话剧（估计操作太难）、动画片（做不了），最后她想到之前用手电筒玩的投影游戏。做完了手工部分，后面用手电筒去拍，发现不好记录下来，画面太大而且还不清晰……我根据她这个想法想到了传统艺术皮影戏的表现方式，正好家里有一块白色的布，她可以站在布后面表演，我在前面拍摄，很好地解决了操作的问题，表演空间也好控制。声音在后期重新配了一次，更加清晰了……

从这次项目式学习和参与的过程中，发现小朋友其实可以完成很多她自己可能觉得不能完成的事情。这样先确定主题、然后查阅资料、再总结发散自己的想法，规划出做一个任务的步骤和布置。在后面做很多学习或完成新的事情时，其实都可以用这个方法去展开，这对后续学习或事情的完成，其实会给到一个很好的方法方式和更多的可能。不应让她拿到任务后就习惯性地去做，而应记性地更多地思考，寻找生活和学习成长中的更多可能性。这种项目式学习让简单的学习变成了一个任务挑战，让她更有主人翁的感觉，也觉得里面包含了各个面向的参与，听、读、看、写、思考总结，游戏式的参与，让她的自我参与和期待感挺好的，很主动完成这个事情。

我们还可以看看其他项目参与者以终为始创作出来的成果。

1904 班王思媛同学一开始就想好以思维导图的形式呈现研究成果

无论是以始为终，还是以终为始去完成项目，都能让参与者按照明确的方向，经过努力最终达到想要的结果，所以这两种方法都可行。除了这两种方法以外，我们还可以用第三种方法。

（三）先完成、再完善、终完美

如果没有制定相应的计划，一时也想不到最终想要的目标成果，那么，不妨试试"先完成、再完善、终完美"这种方法。项目参与者先完成自己心里暂时想到的部分，哪怕是几个字、简单的图都可以，然后慢慢去修饰、增加内容，最终将自己最好的成果展示出来。比如：

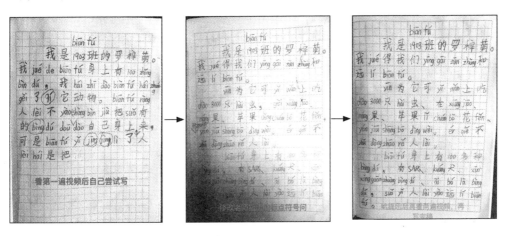

1903 班罗梓萌同学一次次完善的作品

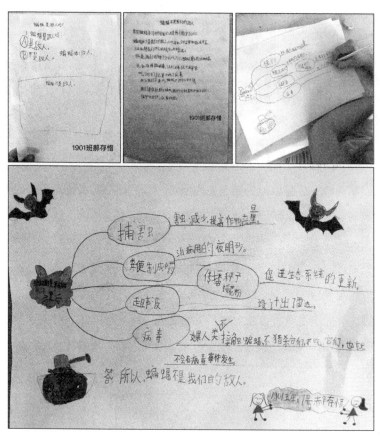

1901班郝存惜同学经过反复尝试、不断完善，呈现了最终成果

　　项目成果的完成需要各种引导，所有呈现出来的最终成果，一定是花了不少心思，反复打磨后才形成的，在这期间参与者需要收集很多的信息，反复进行论证、完善，甚至是推翻重新开始，在整个过程中参与者也得到了一定的成长。

　　比如：1902班冀禹辰同学完成项目成果的构思过程：

　　1.搜集资料，确定主题

　　（1）因家中书籍未找到相关信息，为独立完成项目式学习，初步学会了通过电脑登录浏览器，用搜狗拼音打字查找相关资料的方法。

　　（2）复制粘贴相关内容到新建文档中进行汇总，将自己认为可以作为主题论据的文字单独标注成红色，突出重点、确定方向。

2. 构思作品

（1）考虑到蝙蝠在传统文化中是吉祥的代名词，于是计划做一个寓意福气的蝙蝠形状大红灯笼，因材料太过厚实、裁剪困难，操作过程中用力过猛导致将作为灯笼外壳的饮料瓶剪歪，成果不如人意，加之内置气球容易炸裂，故放弃再继续做蝙蝠外形，仅仅留给妹妹做玩具灯笼了。

（2）网课学习中再次看到蝙蝠的图片，突然来了灵感，决定以一幅蝙蝠的绘画作品作为本次项目式学习的成果展示；但总觉得过于简单，无法全面表达自己的观点。

（3）为了更加贴合主题，体现"蝙蝠是人类的朋友"这一主旨，决定充分利用搜集到的资料，进行精简提炼，凝聚成一首诗歌，同时学会了为文章配备背景图，充分渲染主题；因拼音打字不熟练、电脑操作能力欠缺，整个流程进行得及其缓慢。

（4）不想放弃自己的绘画作品，就思考怎样与创作的诗歌合二为一，变成图文并茂的作品呢？宣传海报是一个不错的选择。于是将自己画的蝙蝠图案剪切下来，粘贴到绿色卡纸上，加入诗歌内容，便成了一个完整的项目式学习成果。

3. 成果展示

从资料搜集到构思、再到创作，从做手工到绘画、再到写诗，从学会独立上网查资料到建文档、再到制作文档背景，整个项目式学习耗时近一个星期，有收获，并有所期待！

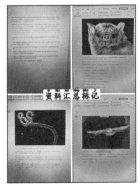
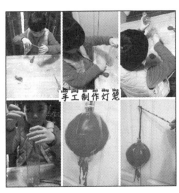
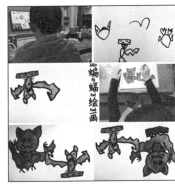

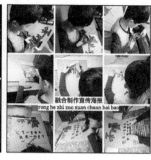

有时候完成的项目成果也许会不尽如人意，但没关系，鼓足信心继续前行，"路漫漫其修远兮，吾将上下而求索"！

其实，除了用上述介绍的三种方法来完成项目成果展示外，还有多种方法可以尝试，只要我们找准了切入点，每一个点都能成为完成项目成果的途径。比如：

1. 找"驱动问题"。项目成果可直接针对驱动问题来设计，同样的一个驱动问题，项目成果展示却可以多样，当然，驱动问题不同，项目成果展示的形式也不同。

2. 找"项目核心知识"。项目成果不仅可呈现参与者对项目中的概念深度理解，而且还可以展现自己所掌握的相关知识技能。

3. 找"项目实施过程中的灵感"。项目成果的形成灵感或许来自于实践过程中查阅的一篇文章、听到的一个故事、看到的一个动画……

4. 找"评价量规"。项目成果可以根据项目评价中的量规来设计，根据量规中的评分程序或指南列出的特定标准和关键维度，知道什么是好的表现和成果，什么是不能接受的表现和成果，并对照进行反思，从而更深入的探究、创造和合作，取得更出色的成果。

《道德经》里有这样一句话："天下难事，必作于易；天下大事，必作于细。"暂且不谈完成项目成果是不是难事、大事，其中的道理却是相似的，难事一定是由容易的事情演变而成的，大事也一定是从细小处开始积累的，它告诉我们：完成项目成果时我们不仅要做好每一件容易的事，更要关注每件事中的细节。

三、完成项目成果展示应该注意的事项

1. 完成的项目成果是否具有真实性，尤其是要保证思维的真实性；

2. 完成的项目成果是否回答了驱动问题；

3. 完成的项目成果是否包含了做出来和对怎么做出来的说明；

4. 完成的项目成果是否指向对核心知识的深度理解。

关于项目成果，夏雪梅博士也提到：项目设计者在设计阶段就要做好规划，明确学习成果及公开方式，包括期待参与者产生怎样的学习成果，成果要点有哪些，最低标准又是什么，用怎样的方式公开呈现出来或应用到个体的生活中。的确，任何事情只有指明方向，学生个体和参与者才有迹可循、才不至于迷失了方向。

四、项目成果完成后如何去展示？

1. 运用自媒体网络，将项目成果作品公开展示在班级 QQ 群、微信群或微信朋友圈、微博等；

2. 设计成果展，可将制作表现类的项目成果作品展示在班级文化墙、学校宣传栏、家中墙面等；

3. 可开展成果展示座谈会，介绍各类项目成果，包括解释说明类的成果；

4. 艺术展演，可观赏性的项目成果可以在班级、学校、亲朋好友面前进行表演、展示；

5. 运用到生活中，实用类的项目成果产品可以提供给现实生活中有需要的人。

项目成果是否精致美观并不是那么重要，重要的是在项目成果展示中体验成长。

将完成项目成果进行展示有三个方面的好处：一是参与者展示项目成果不仅可以对自己进行项目式学习过程进行回顾，而且可以让其产生成就感，更加肯定自己的能力，学习起来更有动力；二是参与者可以学习其他同伴项目成果的优点，反思自己的不足，这又是一次很好的学习机会；三是参与者在项目成果展示的过程中学会了怎么去自评、互评，不仅提升了语言表达能力，思维逻辑也会更加清晰。

本节介绍了多种关于如何完成项目成果展示的方法以及注意事项，希望我们都能有所收获。

第三章
找准 PBL 课程设计的路径

案例项目：六年级"新时期明星我们这样追"

在上一章中，我们了解了 PBL 课程的全貌，那么作为项目式学习课程设计者，我们是否可以找寻和归纳出一些更有借鉴性、操作性的课程设计路径呢？

从项目设计方案本身来看，我们需要设计真实有意义、有挑战性的项目；同时，方案应当结构清晰、层层推进、指导性强；从项目设计实施过程来看，参与项目式学习的核心指导教师需要有目标、有策略的具体指导,项目式学习的主体——学生(尤其是初次接触项目式学习的学生)更需要我们提供必要的技术支持与帮扶。

在本章中，我们将从项目设计方案和教师、学生实操入手，研究 PBL 课程设计的路径。

第一节
步步为营的项目设计方案

　　有了十大要素，项目式学习方案能达到相对完整，但好的项目设计还需要课程设计者更深入而精心的设计与思考。在进行课程设计时，可以结合以下几个原则：

　　真实而有意义。巴克教育研究所一再强调，项目要有其真实性，应对真实问题、从而掌握知识与技能，正是项目式学习与普通课程学习最大的区别之一。在一个个真实而有意义的项目式学习中，直面、思考、判断、逐步解决当今社会面临的重要问题，将为学生解决生活中其他问题提供铺垫与指导。在 PBL 环境中，"真实"就是"学习的理由"。所谓"真实"，是指设计的项目要联系现实世界或者亲身经历。研究证明，与自己有关，是激发受众强烈参与感的重要因素。

　　明确挑战所在。真实而有意义的问题往往很复杂，牵涉面大、涉及的学科常识基础广。不同年龄层次的学生，相同的是天生愿意接受挑战，不同的是认知基础和接受挑战的范围和程度。项目大小和目的不同，挑战的范围和程度也不同。挑战难度太小，学生轻松完成，缺少研究价值；挑战难度太大，容易造成畏难情绪，降低学生参与动力。

　　结构清晰完整。结构清晰来源于设计者本身的严谨逻辑性以及思维完整度。结构清晰的项目设计方案，根据问题解决的过程将项目细分成不同的阶段，并有具体的实施指导，便于核心指导教师有效实施，也能激发学生的信心。首次进行项目设计的设计者，可以采用逆向规划方法，从项目展示往前推演，设计出步步为营的系统化项目进度。配套设计方案，还可以设计"项目进度指南"，即一个明确的教授核心概念和技巧的时间表。

　　具体到项目方案的设计，我们以六年级网络项目式学习"新时期'明星'　我们这样追"为例：

　　项目背景：2020 年开年的这个寒假的一场疫情，令全国人民印象深刻，全民"宅"家、共同抗疫，感动于为民众的安全"宅"家而付出心力、时间甚至生命的一个个鲜活的人、一件件感人的事。这时，李兰娟院士发出了震撼人心的建议：这次疫情过后，希望国家给青少年一代树立正确的人生导向和价值观！政府要控制娱乐圈所谓的"明星们"动则上千万元的片酬。高薪美名，应该留给德才兼备的科研、医疗、军事等真正推动国家发展和进步的人员！

　　立足于这样真实而独特的社会背景，我们不由得思考：是否可以从中提炼出适合六年级学生"宅"家进行的"网络项目式学习"？尽管无法面对面，我们是不是也可以挖掘"宅"家学习的优势（比如时间相对充裕、网络搜索资料便利等）？经过核心指导教师团队（一名课程主要设计者＋全体六年级班主任）的反复沟通，我们提出如下驱动问题：

　　同学们，现在全国人民众志成城，全力以赴打好这场疫情攻坚战。在抗疫过程中，涌现出了很多的英雄人物，值得全国人民敬仰与学习。谁才是真正德才兼备值得尊敬景仰的"明星"？我们可以如何向他们学习呢？

　　有了确定的驱动问题，我们就可以着手进行项目设计方案的制定。

一、立足实情，确立项目时间跨度

　　项目式学习并没有固定的时长，可能持续 1 ~ 3 年，也可能只有短短 3 ~ 5 天，负责人需要针对不同规模的项目、不同的实际情况确立不同的时间跨度，或者反言之，根据不同的时间跨度来设计不同的实施项目。

　　从确定开展项目式学习到学生正式开始网络新课的学习，大约有 3 周的时间。确定好这一时间跨度后，我们可以划分成 3 个阶段，每周一个阶段，结合项目推荐流程预估各个环节的时间分配，为团队研讨、学生探究、小结反馈、梳理调整等留出足够的时间。

序号	阶段划分	具体时间	主要任务
1	探究准备	2 月 10—16 日	（1）确立设计方案； （2）发布班级项目； （3）成员角色分工； （4）初步搜集资料。

续表

序号	阶段划分	具体时间	主要任务
2	深入探究	2月17日—23日	（1）继续搜集资料； （2）团队合作讨论； （3）打造追星计划。
3	成果准备	2月24日—3月1日	（1）确定宣讲形式； （2）完成宣讲作品； （3）开展项目评估。

无论项目时间长短，项目设计者都应当眼中有现实、心中有规划，帮助学生在一定的时间范围内达成预期的研究目标。

二、目标分解，细化阶段学习任务

设定目标是教育教学中提升教学效率的最常用方法，也是教学的基本手段。那么什么是教学目标呢？教学目标是学生通过教学活动要达到的标准或结果。在教学过程中，教学目标起着十分重要的作用。教学活动以教学目标为导向，且始终围绕实现教学目标而进行。

在项目式学习中，目标的设立是形成团队的"粘合剂"，是推进研究过程的"助推器"，也是检验学习效果的"测试剂"。目标设定应当多元、可达成，与阶段任务一一对应，同时，注意设定的目标需要定期回顾、修改，如果设计者发现最初的目标设定不合理，应重新确定。

设计方案中的目标通常比较全面，指向项目式学习结束时学生要达到的标准或结果。在实际操作中，我们将分阶段、分步骤来达成目标，这就需要我们分解、细化阶段学习任务。

我们可以借助前苏联著名心理学家维果茨基的"鹰架理论（scaffolding）"（又称"支架式教学"），"鹰架理论"指学生在学习一项新的概念或技巧时，透过提供足够的支援来提高学生的学习能力的教学方法。在在项目式学习中，其方法是把相对全面的项目目标分解成相对较容易的小任务，把需要掌握的知识或技能分解成若干基本单元，然后按部就班地进行学习。我们可以类比一下体育锻炼中的"跑步"项目，我们需要将之分解成跑前热身、跑步、拉伸放松等环节，再进行有针对性的专业技能学习。

六年级"新时期'明星' 我们这样追"网络项目式学习,我们将项目目标定位为以下三点:

● 能力目标:通过阅读、搜集相关资料,分析和评估,并准确表达自己的观点。

● 知识目标:了解各行各业英雄人物所做的事迹,通过他们的语言和行为,更深层次了解品格背后的故事。

● 情感目标:对英雄人物事迹和品质充满敬意,对真善美充满渴望与追求,敢于在分享与成果展示中亮出自己。

那么,怎样将目标分解,与阶段任务一一对应呢?

阶段划分	驱动子问题分解	学生阶段任务	目标分解
探究准备	你心目中的明星应该具备哪些品质?谁符合你心目中明星的标准?	阅读准备:阅读老师推荐的书目或者文章(填写阅读任务单)	能力目标:通过阅读、搜集相关资料,并初步表达自己的观点。
		自我探究准备:除了推荐书目和文章,用自己的方式("宅"家)了解类似的任务(如采访父母、上网等),选择一位你觉得可以追随的"明星"进行在线分享(语音和文字,要求具体事例、数据等)	
深入探究	你怎样追心目中的"明星"?请确定追星对象,打造属于自己的追星计划吧!	(1)定目标:再次阅读相关文章,找出人物的共性和个性(可用表格),总结出你心目中"明星"的品质,并确定自己的追星对象	能力目标:通过深入阅读、搜集相关资料,并用追星计划书的形式表达自己的观点
		(2)定形式:怎样"追星"?(你想展示给谁看?你选择什么形式?)"追星"形式建议:写一封信、语音演讲、漫画、图片解说、家庭话剧等	知识目标:了解各行各业英雄人物所做的事迹,通过他们的语言和行为,更深层次了解品格背后的故事
		(3)定计划:有了目标和形式,那就开始做计划吧!打造自己的"追星"计划,设计"追星计划书"(形式不限,可以选择表格、思维导图、小报等形式),计划书中必须涵盖以下内容:追星对象、理由、典型事例列举、他/她的闪光品质、追星形式、我可以怎样向他/她学	
		(4)周六中午12:00之前上传"追星计划书"(拍照)	

续表

阶段划分	驱动子问题分解	学生阶段任务	目标分解
成果准备	在新时期明星宣讲会上，你打算如何宣传你的"明星"？	（1）再次深入了解自己的"追星"对象，确认自己的"宣讲形式"：写一封信、语音演讲、漫画、图片解说、家庭话剧或者其他 （2）完成自己的"宣讲"作品，周六中午12：00之前上传 （3）完成项目式学习自评表，请家人填写好"家长评价"栏	知识目标：<u>深入了解自己"追星对象"</u>所做的事迹，通过他们的语言和行为，更深层次<u>提炼、表达</u>品格背后的故事。 情感目标：对英雄人物事迹和品质充满敬意，对真善美充满渴望与追求，敢于在分享与成果展示中亮出自己。

基于网络项目式学习的特殊性，我们通过分享《六年级网络项目式学习行动计划表》文件以及录制《六年级网络项目式学习行动指南》指导视频，带领学生学习项目目标，并在推进过程中不断细化完善目标，在项目结束之时，我们同样也是对照方案中的目标——回顾学生的经历与成长。

定准目标，就相当于明确了方向，这是在"怎么做"之前需要反复斟酌的关键，也决定着项目的成败。科学制定目标，紧扣目标推进研究，最终实现目标实现，整个项目研究团队也将因这样始终一致的共同意向而紧密联系在一起。

三、各司其职，明确不同角色分工

与传统的课程学习相比，高效的项目式学习中，教师需要扮演更多元的角色：

教练： 具备比较专业的系统的 PBL 教学理论水平，聚焦技能 / 能力的提升而非知识的传授，精确掌握项目流程，给学生积极的指导、鼓励与科学的评估，及时反馈，调整项目的进度与方式。

咨询师： 关注学生在各个阶段的参与状态，倾听学生的需求，并及时给予专业的引导和帮扶。注意是引导而非告知，当学生遇到困难时，与之讨论最佳解决途径，引导他们通过查找、讨论、咨询、访问、调查等渠道来解决问题。

导师： 一方面，教师应当与学生建立充分的信任，成为学生精神上的导师，鼓励学生勇于迎接挑战、敢于直面困难、智慧解决问题；另一方面，教师也应当不断提升自己的专业素养，成为项目式学习中的专业导师，为学生提供独立、全面的思维方法训练。

技术指导师： 项目式学习基于学科，又超越学科，不受单学科的限制，一个驱动问题的研究可能牵涉到多学科、多领域，学生的研究过程也需要借助丰富的工具。教师也需要有"迭代意识"，不断更新自己的技术能力，随时保持与项目式学习的需要同步。

在项目式学习中，教师走下讲台、走向学生，无论担当哪种角色，教师的主要责任之一就是培养学生的学习方法，让他们尽自己最大的努力，实现自我成长。

在六年级网络项目式学习中，家长也被赋予了特殊的角色任务：

学习伙伴： 学生"宅"家，无法与同学共同学习，师生、同学之间只能通过网络、电话等媒介互动，那么同在一个屋檐下的家长，自然就成为了学生最亲密、最默契的学习伙伴。面对问题，共同讨论、交流彼此的观点，让学生有机会与更为成熟、视域更为宽广的成年人共享信息，同时也能增进亲子感情；

技术咨询： 教师作为技术指导，更侧重于专业方面的指导，解决较为共性的问题，而家长则可以提供一对一的具体咨询，协助学生在家练习网络搜索、PPT制作、视频剪辑、录音录像等技术。

展示成员： 学生最终的项目展示可以以写一封信、语音演讲、漫画、图片解说、家庭话剧或者其他形式开展，家长自然也成为了学生可以合作的展示成员之一。放平姿态、并肩孩子，有了这样特别的展示成员参与，学生展示时更有自信，能收获更多的成就感。

除此以外，家长还可以担当项目成果评委、成果验收者、下一阶段项目推进的规划者，等等。

阶段划分	老　师	家　长
探究准备	提供"脚手架"（阅读任务单），推荐书目或者文章，引导：在阅读中，你发现了什么特别的人物？你了解他吗？知道什么信息？等等	鼓励家长陪伴阅读，根据阅读任务单和孩子进行一些交流，尊重孩子的想法，及时点赞，引导孩子发散思维
	自我要求：熟悉书目、文章，提升学生的发散思维和理性思考、独立判断能力、表达能力，针对分享，制定评价量表（普通话、语句表达、人物典型、理由是否充分等）	关注孩子对待项目式学习的态度，多鼓励、肯定，当好倾听者，给予必要的建议、帮助。重在学习过程，不用太关注孩子的分享是否完美
深入探究	（1）各班根据自身情况选择本班研究的人员范畴，明确"明星"共性，能给予引导及建议 （2）推送阅读文章，引导填写阅读任务单 （3）提供"追星"计划书建议 （4）确定计划落实各项时间点，组织研讨、答疑 （5）副班主任周六中午 12：00 之前收集整理学生作品，班主任及时小结	给予孩子必要的物质、物品支持，如接受邀请参演话剧，多发现孩子主动解决问题时的闪光点
成果准备	（1）帮助学生发散思维，选择不同的宣讲形式，力求真实、动人 （2）根据评价量表，根据不同要求、层次评定奖项 （3）项目总结，推送创意作品	配合孩子展示作品，完成家长评价栏，重在发现孩子批判性思维能力、自主判断能力和表现力的提升，不需要着重于作品的完美度

四、阶段小结，科学设计多元评估

在项目式学习中，学习的范围远远超过内容的掌握，在项目的一开始，项目核心指导教师就可以告知学生他们将要接受的评价的内容和标准，教师也可以与学生共同商讨制定出评价量表。评价从项目开始就启动了，一直持续到项目结束，因此每个项目会伴随形成性和总结性的评估量表。PBL 评价量表与常规教学评价量表有何不一样呢？

1. 评价内容更广泛。同时评价技能和知识，而不仅仅是知识，评价内容可以涵盖：

自我意识，积极主动性，坚持，不断进步，目标明确，寻求有效的支持，情绪应对策略，等等。

2. 评价权重更个性化。不同的项目在评价时，偏重的内容和范围都不一样。哪怕是同一个项目，不同的阶段各项评价指标的权重也可能不同。加上每个项目都会产生几种结果，每种结果需要的评价的内容和权重不同，因此，设计评价量表时需要有个性化的考虑。

3. 评价工具更丰富。正因为评价内容的广泛、权重的个性化，没有任何一个评价工具能够为项目式学习提供教师所需要的所有的信息，可以供教师评判一个学生的整体表现情况。因此，选择组合运用各种评价工具，能更加科学、客观地对学生表现进行评价。

4. 评价对象更全面。项目式学习不仅需要对学生个人进行评价，也需要对团队完成目标的情况进行评价。除了教师是评价者外，每一个学生既是被评价者也是评价者，他们需要基于标准，对自己以及组内同伴的参与度、创新度、合作度、批判性思维等方面给出评价。

六年级网络项目式学习受空间限制，难以实现师生面对面的观察与评价，那么充分调动学科老师的参与积极性，激活学生及家长的评价主体性，也能达到评价的激励作用。

附表：

<h2 style="text-align:center">六年级项目式学习学生评价表（学生用）</h2>

班级_____　　学号_____　　姓名_____

自我评价				
评价内容	评价要点	评价等级		
		优秀	良好	一般
情感态度	活动前准备，热情主动			
	活动中实施，积极认真			
	活动后反思，有针对性			
活动过程	认真思考，讨论问题			
	搜集资料，多方佐证			
	主动完成，适时合作			
作品呈现	紧扣主题，重点突出			
	形式多样，内容丰富			
	文质兼美，效果佳			
学生的话：				
家长评价				
评价内容	评价要点	评价等级		
		优秀	良好	一般
活动前期	热情主动，无需催促			
活动过程	积极开展，独立完成			
活动后期	认真反思，总结不足			
家长的话：				

六年级项目式学习学生评价表（教师用）

班级_____   学号_____   姓名_____

科学的 PBL 评价，可以帮助学生进行自我评价、自我修正最终自我生成解决方案。

评价内容	评价要点	评价等级		
		一般	良好	优秀
一、情感态度	1.积极认真参加每一次活动			
	2.对活动始终保持浓厚的兴趣			
	3.主动做好资料搜集和整理			
	4.主动提出自己的想法、观点，用文字或者图片呈现			
	5.努力完成自己承担的任务			
二、活动过程	6.善于提问、乐于思考			
	7.关注时事，紧扣主题			
	8.结合时事热点议论，表达有深度			
	9.能用多种途径获取信息			
	10.作品独立完成			
三、作品呈现	11.作品上交及时			
	12.采用了两种以上的方法进行研究（文字表达、思维导图、漫画等等）			
	13.活动成果展示有新意，有深度			
四、能力发展	14.有求知的好奇心，有探索问题的欲望			
	15.独立思考、提出问题、寻求解决问题的方法			
	16.积极实践，发挥个性特长，施展才能			

本节的最后，附上六年级寒假网络项目式学习"新时期'明星' 我们这样追"设计方案：

新时期"明星"我们这样追
——岳麓区第一小学六年级网络项目式学习设计方案

一、指导思想：

2014 年 9 月 9 日和 12 月 20 日，习总书记在北京师范大学和澳门大学横琴新校区考察时，要求广大教师要引导和帮助青少年学生扣好人生第一粒扣子。六年级学生处在童年期向少年期转变的关键期，帮助他们树立正确的人生导向和价值观犹为重要。近日，李兰娟院士发出了震撼人心的建议：这次疫情过后，希望国家给青少年一代树立正确的人生导向和价值观！高薪美名，应该留给德才兼备的科研、医疗、军事等真正推动国家发展和进步的人员！政府要控制娱乐圈所谓的"明星们"动则上千万元的片酬。本次项目式学习与研究，拟在对新形势下涌现的一大批舍身救人、众志成城的英雄事迹的学习和研究中，培养学生"I see, I thing, I ask"的批判性思维，激活学生内心对真善美的渴望与追求，并将之化为实际行动，为理想而努力奋斗。

二、课程目标

能力目标：通过阅读、搜集相关资料，分析和评估，并准确表达自己的观点。

知识目标：了解各行各业英雄人物所做的事迹，通过他们的语言和行为，更深层次了解品格背后的故事。

情感目标：对英雄人物事迹和品质充满敬意，对真善美充满渴望与追求，敢于在分享与成果展示中亮出自己。

三、参与对象：六年级全体学生、全体科任老师

四、实施时间：2020 年 2 月 10 日—29 日（三周）

五、实施方式：网络学习、集中讨论、小组在线合作

六、驱动问题：

同学们，现在全国人民众志成城，全力以赴打好这场疫情攻坚战。在抗疫过程中，涌现出了很多的英雄人物，值得全国人民敬仰与学习。谁才是真正德才兼备值得尊敬景仰的"明星"？我们可以如何向他们学习呢？

七、具体措施及分工安排（见行动计划表）

八、需要的工具支持

网络、WORD 文档、Powerpoint、影视拍摄 APP、微信群、QQ 群，welink 等

九、预期成果

每班一份作品集：图文、视频、作文、朋友圈截图等

十、活动评价

过程性评价：考查孩子的参与度、合作性、自主性

终结性评价：对学生的最终呈现方式及作文进行评价

长沙市岳麓区第一小学　六年级级部

2020 年 2 月 8 日

新时期"明星"我们这样追
——岳麓区第一小学六年级网络项目式学习行动计划表

驱动问题：同学们，现在全国人民众志成城，全力以赴打好这场疫情攻坚战。在抗疫过程中，涌现出了很多的英雄人物，值得全国人民敬仰与学习。我们要开一场新时期"明星"宣讲会，谁才是真正德才兼备值得尊敬景仰的"明星"？我们可以如何向他们学习呢？

	子问题	学　生	老　师	家　长
探究准备（2月10—16日）	你心目中的明星应该具备哪些品质？谁符合你心目中明星的标准？	阅读准备：阅读老师推荐的书目或者文章（填写阅读任务单）	提供"脚手架"（阅读任务单），推荐书目或者文章，引导思考：在阅读中，你发现了什么特别的人物？你了解他吗？还想知道什么信息？	鼓励家长陪伴阅读，根据阅读任务单和孩子进行一些交流，尊重孩子的想法，及时点赞，引导孩子发散思维
		自我探究准备：除了推荐书目和文章，用自己的方式了解类似的任务（如采访父母、上网等），选择一位你觉得可以追随的"明星"进行在线分享（语音和文字，要求有具体事例、数据等）	自我要求：熟悉书目、文章，提升学生的发散思维和理性思考、独立判断能力、表达能力，针对分享，制定评价量表（普通话、语句表达、人物典型、理由是否充分等）	关注孩子对待项目式学习的态度，多鼓励、肯定，当好倾听者，给予必要的建议、帮助。重在学习过程，不需要太关注孩子的分享是否完美

续表

	子问题	学　生	老　师	家　长
深入探究（2月17日—23日）	你怎样追心目中的"明星"？请确定追星对象，打造属于自己的追星计划吧！	（1）定目标：再次阅读相关文章，找出人物的共性和个性（可用表格），总结出你心目中"明星"的品质，并确定自己的追星对象 （2）定形式：怎样"追星"？（你想展示给谁看？你选择什么形式？）"追星"形式建议：写一封信、语音演讲、漫画、图片解说、家庭话剧等 （3）定计划：有了目标和形式，那就开始做计划吧！打造自己的"追星"计划，设计"追星计划书"（形式不限，可以选择表格、思维导图、小报等形式），计划书中必须涵盖以下内容：<u>追星对象、理由、典型事例列举、他/她的闪光品质、追星形式、我可以怎样向他/她学</u> （4）周六中午12：00之前上传"追星计划书"（拍照）	（1）各班根据自身情况选择本班研究的人员范畴，明确"明星"共性，能给予引导及建议 （2）推送阅读文章，引导填写阅读任务单 （3）提供"追星"计划书建议 （4）确定计划落实各项时间点，组织研讨、答疑 （5）副班主任周六中午12：00之前收集整理学生作品，班主任及时小结	给予孩子必要的物质、物品支持，如接受邀请参演话剧，多发现孩子主动解决问题时的闪光点
成果准备（2月24日—3月1日）	在新时期明星宣讲会上，你打算如何宣传你的"明星"？	（1）再次深入了解自己的"追星"对象，确认自己的"宣讲形式"：写一封信、语音演讲、漫画、图片解说、家庭话剧或者其他； （2）完成自己的"宣讲"作品，周六中午12：00之前上传； （3）完成项目式学习自评表，请家人填写好"家长评价"栏	（1）帮助学生发散思维，选择不同的宣讲形式，力求真实、动人 （2）根据评价量表，根据不同要求、层次评定奖项 （3）项目总结，推送创意作品	配合孩子展示作品，完成家长评价栏，重在发现孩子批判性思维能力、自主判断能力和表现力的提升，不需要着重于作品的完美度

第二节
教师指导手册

完整而科学的项目设计方案出台，就成功了一半，那另一半在哪里呢？在教师的具体实践。在常规的教学实践中，我们发现模仿名师课堂、精心打磨教案是教师专业成长的两条有效路径，然而现实却是，即使教学流程和教学语言模仿得一模一样，普通教师也难以速成名师；即使教案打磨到完美无缺，不同的教师使用教案仍然可能出现较大的差距。这正是对"为什么要这样做"和"到底怎么做"两个方面认识和实践的偏差造成的。

在项目式学习的实践中，我们还发现，有经验的教师不等于有项目式学习经验的教师，在本学科教学中的游刃有余也许会变成项目式学习中的手足无措。小规模的项目式学习实践者往往只有课程设计者本人，从设计到操作再到总结，可以做到自我调整与内化。一旦参与项目式学习的核心指导教师是两人或者两人以上，就需要项目设计者同步思考对教师团队的指导，以缩小认知和实践上的偏差，激活核心教师的积极性、主动性、创造性。

一、团队沟通，让项目成员的认知统一起来

团队协作是教学实践中常见的合作形式，作为 PBL 设计者（或主要负责人），我们常常需要组建教师团队，有效合作创造出成功的 PBL 项目。团队并非简单的人员叠加，项目成员（本小节提到的项目成员是指参与项目式学习的核心指导教师）之间应当有着共同的意向。共同意向的定义是："在目标和意图一致的情况下，与他人一起参与集体活动的能力。"

1.树立目标。项目团队中没有一言堂，项目选题、驱动问题设立、项目目标、项目

流程，每位项目成员都应当发表自己的意见。经过这个项目的学习，学生可以收获哪些方面的成长？教师可以掌握哪些项目式学习的方法？这个项目将带来怎样的影响？在项目团队中，团队成员会经过反复商讨与考量，审慎制定出一个明确的目标，同时明确各自的角色以及如何朝着目标努力。

2. 明确角色。方向定了，每位项目成员应当做什么呢？前面提到，项目式学习的重要特征之一就是师生角色的转变，教师不再是单向的知识传授者，更可以成为改善学生思维、做法、感觉等方面表现的教练、观察者、交流者、合作者。团队成员之间还可以进一步明确角色分工：

- 授课人：负责项目式学习必需的讲授部分以及方法指导，不同项目安排不同的授课教师，同一项目不同阶段的授课也可以由不同教师轮流担任。
- 评价员：制定并完善评价工具，一方面观察项目推进进程、师生互动情况，给予即时评价建议；另一方面观察学生、团队在项目过程中的表现，记录、评价、提出改进建议。
- 资料搜集员：及时分类收集、整理项目过程中师生的教案、PPT、教具、听课笔记、各类表格、视频、照片等等过程性资料，尤其要注重对学生的手写生成性资料的及时收集；
- 宣传员：负责项目过程的照片、视频拍摄剪辑等，及时记录典型的故事，跟踪报道项目过程的各个阶段，提升项目的影响力。

当然，不同项目中需要分工协作的角色任务各不相同，可以一位教师身兼几个角色，也可以几位教师分解一项任务，项目式学习设计者（或主要负责人）可以灵活安排。

3. 激活动力。项目式学习专注于发掘学生的隐形天赋如内驱力、激情和目标意识等，教师的内驱力、激情和目标意识同样被激活。实践中我们发现，在这里，充满热情的青年教师乐于尝试新的事物，经验丰富的骨干教师找到新的挑战，进入职业倦怠期的成熟教师也仿佛焕发了新的活力，项目成员体验到项目式学习的乐趣，也必将此快乐传递给学生。

二、巧用技术，让项目推进的过程高效起来

工欲善其事，必先利其器，教育与技术的深度融合已经成为了教育现代化的必经之

路。在一个项目中，利用工具实现合作、沟通、展示和解决问题，可以项目的高效运行，也体现了项目式学习与技术的密不可分。

1. 日常项目与技术。教师需要掌握一定的技术，马卡姆在《PBL 项目学习（项目设计与指南）》一书中提到，教师要随视保持与最佳实践同步，在需要时出力，与 PBL 共同体联系起来。比如：寻求教育领域以外的指导方法如心理学、经济学或者商业领域；利用现有的项目式学习资源来了解最新的项目范例、成功案例或者评价；了解当今教育的发展去式；记录网络日志与他人共享等。除此以外，一定的信息技术素养与指导能力也是项目式学习教师教练化的必备因素。

而项目式学习的主体即学生也需要掌握技术，他们的主要活动阵地集中在学校和家，项目式学习考虑能用到技术的场所也主要集中在这两处，那么学生需要掌握基本的数字读写如打字、网络社交和上网等技术，中高年级掌握一定的文字、图像、图表处理等技术，就能基本满足大部分日常项目的需要。在我们的项目式学习实践中，我们也发现每个班级都有一些技术应用能力比较强的学生，在项目分组时应适当考虑，引导这些学生分散到不同的小组，能有效帮助解决各小组实践中面临的技术问题。根据不同项目的需求，场所也可能拓展到社区、博物馆、图书馆、地铁站等地，这就涉及到深层次的数字读写能力：理解并使用科技，学会分析科技的基础流程等，教师需要提前针对可能用到的技术进行指导。

2. 网络项目与技术。首次尝试网络环境下的项目式学习，给了我们更大的挑战？缺少了面对面沟通，网络项目能否有效果？答案是肯定的。它对教师的技术运用能力提出了新的挑战，相应地，也有利于提升学生的技术水平。

● 沟通工具：除了常用的网络沟通工具如 QQ、微信外，老师们尝试了 welink、cctalk、腾讯会议等软件，与学生直播互动，在线答疑；小组内学生之前同样可以借助这些工具开展在线小组讨论；

● 微课录制：老师们录制《项目指南微课》《阶段小结微课》《项目总结微课》等，共享给学生，就项目方案的解读、方法论的指导、过程的小结点评等内容进行专业指导，弥补无法面授的不足；

● 搜索工具：学生使用各种搜索工具，查看网络视频，搜集自己心目中"明星"的资料，通过 PPT、电子海报、微视频、电子思维导图、美篇等方式形成展示成果；

● 社群网页：项目指导教师可以建立属于项目的社群、网页或空间，设置讨论页面，学生可以就驱动问题或子问题发表自己的看法，也可以开展分组辩论、项目学习日志分享、就成果展示互相点评指导等，丰富沟通方式和渠道。

技术和项目式学习相辅相成。在项目中灵活地运用数字工具，可以吸引学生参与，增强学生的学习热情，带领学生进入更广阔的世界。同时，项目指导教师也要注意，技术始终是辅助探究和创新的工具，可以大胆使用，但重点还是要落在学习过程的推进和学习成果的展示。

如果说传统的课堂中，学生可以学习到相应的技术，那么在项目式学习中，教师和学生就可以利用自身的数字化知识和经验，充分运用技术来解决真实的问题，实现项目高效推进。

三、评价激励，让项目实施的路径多元起来

项目开题了，布置了，究竟完成得怎么样？怎样激励教师和学生坚持投入而不是半途而废？怎样让每个学生实现基于自身能力的成长？项目负责人可以借助评价激励的作用，激活项目团队成员动力，让每一个参与的班级、小组都有自主思考、自我成长的空间与特色。有五个锦囊可以供老师们参考。

锦囊一：轻松愉悦的环境

轻松愉快的教学环境，不仅有利于学生听课效率的提高，也能激发学生的积极性，让学生主动参与到学习中，项目式学习也是如此，在轻松适合的环境中，学生更愿意全身心地投入，也更容易形成和谐共进的团队氛围。教师的眼神、语言、动作，教室里适当的轻音乐等，都有助于营造轻松愉悦的环境。

锦囊二：激发表现的语言

传统课堂中，每一节课都有特定的教学任务，因此教师的讲授语言常常远超于沟通语言，随着教学模式的不断革新，教师也越来越关注学生的学情，少讲精讲也成为了学科教学的趋势。PBL项目式学习以学生为学习主体，少一些概念知识的讲授，多一些对问题的剖析、思考与表达，多问"你的想法是？你怎么看这么问题？你觉得可以从哪几

个方面思考解决办法？还有别的观点吗？"等开放性问题，多从学生具体表现上来激励，能有效增强学生的自主表达欲望，也能通过这样"聚焦—开放"的刻意练习提升学生的思维品质。

锦囊三：及时到位的反馈

项目式学习建立在真实而有意义的问题基础上，将面对并解决真实问题，然后将学到的方法用于更多的真实问题解决过程当中。项目指导教师对学生的指导也应当真实、务实。用观察资料和数据作为反馈，根据观察到的事实给学生反馈，比如："在今天的课堂中你举了三次手""刚才的小组讨论你没有参加"等。从建议学生改变态度到建议学生一步一步来改善成绩。

马卡姆建议老师们反复对自己提出以下三个问题，帮助学生提高行为表现：

● 我可以采取什么措施帮助学生理解重点概念，掌握技能，意识到个人特长和面临的挑战？

● 什么样的"教学关注"可以帮助学生进行学习？

● 我要提供什么样的反馈，对学生才是最有帮助的？

及时到位的反馈、耐心的倾听、真诚的帮助，能有效帮助学生看到自己正向的表现并不断强化，也能及时帮助"离群生"们回归团队。

锦囊四：通关晋级的期待

网络游戏之所以受到很多人的喜爱，很重要的一点，是游戏设置的通关挑战，从容易到难，有梯度有挑战。从这样的商业模式中，我们可以提取一些共性以参考：同一个项目中，项目驱动问题和目标要能分解、有梯度地提升难度；同一个年级、同一个班级的不同项目也要有难度的梯度。如此，学生就处在见识和能力的不断通关升级的感觉中，体验成长的快感。

锦囊五：鼓励独特的视角

在轻松愉悦的氛围下全情投入，学生的自主性和创造性得到最大尊重，能够激励他们掌握自己的学习并专注于项目的执行。项目实施过程中，学生常常语惊四座，带给我们惊喜。六年级网络项目式学习以"新时期'明星'　我们这样追"为主题，项目伊始，绝大部分学生都聚焦在全国瞩目的几位"明星级"专家身上,如钟南山、李兰娟、李文亮等。与其统一观点,我们更希望学生能拓宽视域,寻找更多的观察角度,形成独特的、自主的观点。在反复的沟通中,坚持工作的环卫工人、风雨无阻的交通警察、坚持调查走访的社区工作者等普普通通却默默无闻的人们,赢得了学生的尊重与敬意。

建模是为了无模,无论项目指导教师担任何种角色,项目式学习仍然是心与心的工作,激励自己、影响他人。团队沟通、巧用技术、评价激励等,都需要静心地想、沉心去做。

第三节
学生实操宝典

手中有法，脚下就有路，项目式学习课程设计的最终落脚点在于学生的实践与操作。项目式学习教导学生成为在不同环境中"随需应变"的学习者，从日常的面授模式换成了网络环境学习模式，我们也需要"按需改进学习项目"，为学生提供"随需应变"的实操宝典，即在学习过程中提炼出来的系统的、有效的、可迁移的方法。

一、主动质疑，想清"为何而做"

古人云："学贵知疑，小疑则小进，大疑则大进。"培养学生学会学习，其中一个重要的任务是变"师问生答"的传统课堂模式为学生自主质疑、解疑、释疑的主动学习模式。

项目式学习是一个以学生为中心、以探究为基础的过程，需要学生主动将精力投入到项目中。那么面对驱动问题，学生要做的不是被动接受，而是主动质疑：为何要提出这样一个驱动问题？它的背景是什么？关于这个问题，我已经了解了哪些知识？我还想通过项目式学习学到什么？

Donna Ogle 于 1986 年创建的训练批判性思维工具 K–W–L Chart（KWL 表）可以帮助学生理清头绪，它基于建构主义教学方法设计。建构主义学习理论认为：学习是引导学生从原有经验出发，生长（建构）起新的经验。因此，这个表格的运用正是从学习者本身的认知入手，先提出问题，引发质疑，当这些问题明显与学生相关，或通过良好的教学手段能将问题与学生关联起来，将进一步吸引学生投入课堂学习。

KWL 表格示例

K	W	L
What do I already know?	What do I want to know ?	What have I learned?

K、W、L 分别是三个字母的缩写。

● 步骤 K 是 Know，即"（关于主题）我已经知道什么？"（What I know）

● 步骤 W 是 Want，即"（关于主题）我想知道什么？"（What I want to know）

● 步骤 L 是 Learned，即"（关于主题）我已经学到了什么？"（What I learned）

借助 KWL 表格，教师可以关注到学习者的自然优势和天生的好奇心，这个表格也可以在同一个项目的不同阶段反复来运用，用以对比与延伸。只有经过质疑、调查和反思的过程，才能去伪存真，真正把握概念与本质。

当然，引导学生主动质疑的工具与途径还有很多，都可以达到激发学生求知欲、引导他们主动学习这一目的，殊途同归。比如我们六年级网络项目式学习，就是通过网络，用书面表达的形式，引导学生思考质疑。

第一天发布的文字

亲爱的同学们：

在这个特别的寒假，我们拥有了体验不同学习方式的机会，在跟全市小朋友一起在线学习的同时，岳麓一小还为孩子们安排了特色项目式学习与思考。

同学们，现在全国人民众志成城，全力以赴打好这场疫情攻坚战。在抗疫过程中，涌现出了很多的英雄人物，值得全国人民敬仰与学习。谁才是真正德才兼备值得尊敬景仰的"明星"？我们可以如何向他们学习呢？这就是我们将在这一周学习和思考的问题。

今天我们需要思考的问题是：

1.在抗疫过程中，我看到了_____，我想到了_____，我的疑问是_____，我还想了解_____。

2.在我的心目中，"明星"应该具备哪些品质？

请同学们仔细思考，把答案写在纸上，并拍照发群，我们一起讨论。

1. 在抗疫过程中，我看到了这么多天一直坚守在一线的白衣天使；看到了自愿为国家做贡献的人们；看到了那些隐瞒自己行踪并且不进行自我隔离，继续帮助疫情继续蔓延延的，给社会添乱的人。我想到了那些有儿有女，却自愿报名抗疫行动的医护人员，冒着被传染的毫无风险去到了武汉，和其他人一起抵抗疫情，承受了他们本引以避免的风险。我的疑问是：为什么在疫情如此严重的时候，还是有人毫不顾自己和他人的健康，在外面的时候不戴口罩？为什么自己明明体温超标，还要四处游荡？

2. 在我心目中，"明星"应该德才兼备，应具备善良、正直真的品质。作为"明星"，他们应该做好榜样，引领广大人民群为此次抗击疫情的战争做贡献。在危急时刻能做出贡献的人，才是我心目中真正的"明星"。

——1404　何思琪

1. 在抗疫过程中，我看到了：

① 医务工作者们舍小家，保大家，他们不惧危险，无私奉献，以专业能力和仁爱精神奋战在了抗疫第一线。

② 公安民警叔叔们过年都不能休息，为了不让武汉来的人员和车辆进入各个城市，大年三十就在高速路口值班值守。

我想到了：最美逆行者们默默付出，中国人民同舟共济，这样的精神风貌鼓舞了勇气、涤荡了心灵。面对手机上死亡数据，我们许多人心里都一定万分恐惧。正当它向我们走来时，我们没有向它屈服，没有向它低头，而是齐心协力一起共渡难关。虽然，我们不能用白衣天使那样与武汉人民一起战斗，但我们可以用手中的笔，用爱国的心，为战斗在第一线的人们带去鼓励。♡

我的疑问：我们是否能战胜病毒？大自然是否还会带来灾难？

2. 我眼中的明星是具有无私奉献，有爱心、善良的品质。他们应该在国家遇到困难时出手相助，但不是只以自己的外表去追求华而不实的东西，真正的明星，才能得到所有人尊敬。

——2020年2月10日

孙欣怡　1404班

第二天发布的文字

亲爱的同学们：

昨天我们分享了我们在抗疫过程中的所见所思所疑，还分享了我们心目中"明星"的好品质，老师很高兴看到六年级孩子越来越深刻的思维品质。

我们一起观看了岳麓一小特别的开学典礼，你们是否也像老师一样，为平凡而伟大的一线英雄们而热泪盈眶？

今天我们需要讨论的问题是：在这次战疫过程中，你认为谁符合你心目中的"明星"标准？为什么？请用具体事例说一说。

交流方式可以用写下来，拍照片的方式或者拍视频讲述的方式。期待你们的精彩！

这些还有些稚嫩的文字，却是六年级孩子最切身的体会，在独立思考的基础之上推进对"新时代明星"的了解与判断，更加有意义。

二、明确目标，理清"向哪而行"

在设计课程方案时，项目设计者与核心指导教师通过反复考量，制定出项目的目标，并将之分解成各个阶段。在实践中，我们发现，这样的整体目标与分解目标往往只存在于这些老师们的心中，学生并不了解。因此，理想中的主动学习在现实中却成为了一个一个零散任务的接受。

项目式学习注重引导学生像团队一样有效合作。高效协作的团队应当拥有共同意向，从广义上看，参与项目的负责人、核心指导教师、学生甚至家长也是一个大团队，为了做好项目、解决驱动问题这个目标，砥砺前行。故而，在项目式学习实践中，我们可以在提出驱动问题的同时将课程目标展示给学生，中高年级也可以尝试与学生一起讨论如何分解目标。

在六年级网络项目式学习中，受条件的限制，我们运用微课的形式，向学生发布驱动问题，同时针对项目目标进行了详细的解读，当学生明确自己在三周项目式学习中需要有哪些方面的成长时，研究行为将更有指向性。

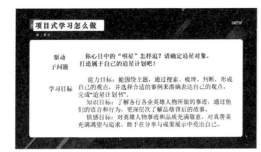
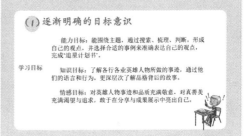

在项目结题微课中，我们又再次回顾了项目目标，将目标与三周的探究一一对照是否达成，可喜的是，绝大部分同学都顺利达成目标。以 1402 班陈可滕同学的追星思维导图为例，不仅从各个角度对追星展开了计划和思考，而且追星计划十分具有可实施性，思考十分具有深度，是一份质量较高的作品。随后，我们将目标意识迁移到线上新课学习，帮助学生理解项目式学习的方法是可以运用到其他学习与生活中的。

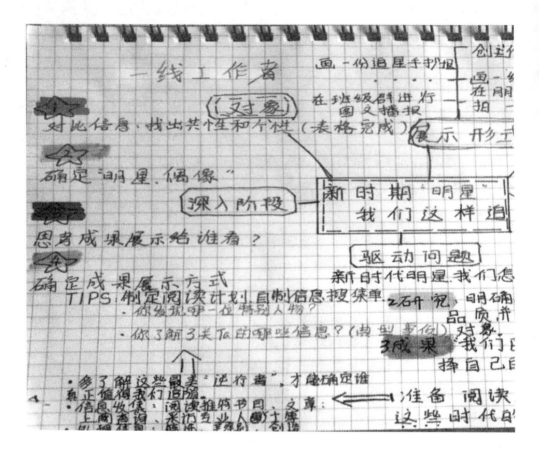

三、掌握方法，分清"怎样来做"

项目不同，目标不同，方法自然也不同。可以明确的是，每一个项目从开始到结束就是一个锻炼批判性思维、培养合作精神并展示成就的过程。那么，如何帮助学生掌握"怎样来做"的方法呢？

1.教给方法。项目式学习要通过项目本身交给学生将来面对这类问题的可迁移的解决方法，我们在网络项目式学习中，通过课程指南微视频对学生进行"追星计划书"设计的具体方法指导，分成五步走：根据主题大量阅读、筛选确定追星对象、围绕对象展开研究、思考确立论点论据、联系实际制定计划。

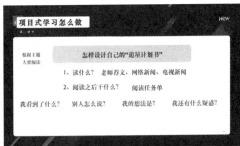
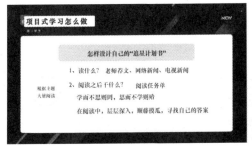

项目式学习教给的方法还有个重要特征，那就是可迁移，可以用来举一反三，解决其他问题。在网络项目式学习的总结微视频中，我们引导学生用同样的五个步骤来尝试解决更多的问题：火神山医院十天之内建成，成为了世界眼中的"中国奇迹"，这样的奇迹是如何做到的？对我们有何启示？"宅"家开展线上学习，我们怎样提升学习效率？在学习、实践、再实践的过程中，学生将逐步习得各种方法论。

2. 列举例子。纯粹教给方法是不够的，抽象的概念对于学生而言，很难引发共鸣与达到深度理解。举例具体说明就是非常形象的途径。

在讲解根据主题大量阅读这一个步骤时，我们进行了事例的阐述：第一步：根据主题，大量阅读。读什么？读老师荐文、网络新闻、电视新闻。阅读之后干什么？填写阅读记录单，电子稿老师也会发在群里。阅读的同时，要思考："我看到了什么？别人怎么说？我的想法是？我还有什么疑惑？"举个例子，我们看到了这样一则新闻：著名歌手韩红成立的韩红基金会第一时间多次对疫区捐赠医疗物品，人们对这一义举纷纷点赞，可是，也有质疑、批判的声音。看到这一些不同的说法，我们可以冷静下来思考：对此，我的想法是什么？也可以跟家人讨论，看看大家基于事实给予什么样的思考。同时，你还有什么疑惑呢？比如：韩红是军人吗？韩红什么时候成立的基金会？为什么要这样做？韩红基金此前还做过什么公益活动？大家捐的钱物是怎样通过基金会到达被捐赠对象的？基金会怎样建立自己的公信力？这一系列的思考将带领大家进一步的阅读、搜集资料，学而不思则罔，顺藤摸瓜的阅读和思考将引领大家走向深度的思维，有效发展同学们的批判性思维品质。

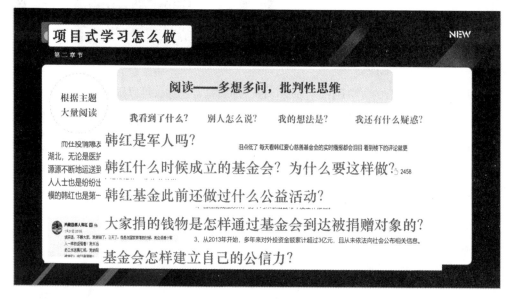

第二步，删选确定追星对象，我们是这样阐述的：每个领域值得学习的人物也很多，怎样选择呢？以医护人员为例，有第一位"吹哨人"李文亮、甘肃赴湖北医疗队集体剃光头的女护士团队、倒在防疫第一线的衡山90后医生宋英杰、最早上报疫情的武汉女医生54岁的张继先，等等。我们每个人的研究精力有限，在选择之前，可以问自己几个问题：谁的事迹最打动我？是不是大家都追捧的才有资格成为"明星"？普通人也可以有哪些"明星"壮举？找到问题答案的同时，也就能确认自己的追星对象了。

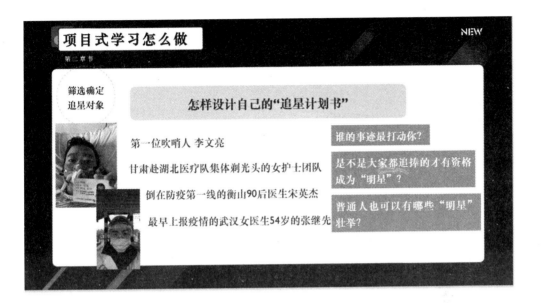

有了事例的辅助，学生可以更加准确地理解每一个步骤的具体实施方法。

3.讨论释疑。遇到通过阅读、查找资料均无法解决的问题时，学生可以怎么办呢？越是教学经验丰富的教师，越容易遇疑释疑。项目式学习提倡讨论释疑，训练学生回答自己或者同伴的问题。与其让学生排成一队来问问题，不如确保他们在此之前已经问过自己的每一位队友同样的问题。绝大多数问题，都会在这样的讨论当中迎刃而解。也有更多的问题，通过这样的讨论，碰撞出更多的灵感与思考。

在网络项目式学习中，讨论的伙伴更多地包括家人，在不同年龄段的认知交互下，学生的包容性更强。班级的网络在线答疑时间，实际上成为了小组讨论圈，有人质疑、有人答疑，教师大部分时间充当倾听者、咨询者即可。

包括成果展示环节，预先设计的"明星宣讲会"因开学推迟而迟迟不能开展，但我们仍然可以利用网络工具进行成果预展。小组可以进行讨论：看学生的作品中有哪些优秀的榜样是你正在寻找的？还有哪些是你没有找到的？并就作品品质展开小组讨论，哪些你觉得好？好在哪？如何改进？

4.流程梳理。有条理，既是好习惯，也是好品质。坚持在每个项目式学习过程当中，帮助学生理清思路、梳理流程，学习效果将事半功倍。如何让学生的网络项目式学习更加趋于条理化？我们仍然借助了网络工具，为学生梳理学习流程：

深入探究阶段发布的文字

亲爱的同学们：

　　大家好，经过一周的尝试，我们的项目式继续推进，本周学习内容和学习方式都有所调整，驱动问题为：你心目中的"明星"怎样追？请确定追星对象，打造属于自己的追星计划吧！

　　学习分为3个流程：

　　1.学习：孩子观看并学习视频《岳麓一小六年级网络项目式学习行动指南》，并做好相应笔记；打印或者学习《网络项目式学习行动计划表》；同时，家长请观看视频《家长篇——岳麓一小"宅"家抗疫项目式学习交流课》；

　　2.实践：孩子们根据行动指南的引导，阅读老师推荐的文章并填写好《阅读记录单》，搜索资料、深入思考；

　　3.确定追星对象、形式等，制作好《追星计划书》，周六中午12:00以前上传到群里。

　　具体指导请见学习视频和行动计划表，孩子们，期待大家的精彩分享！

成果准备阶段发布的文字

亲爱的同学们：

　　本阶段需要完成的学习研究内容建议：

　　1.确定形式：再次深入了解自己的"追星"对象，确认自己在明星宣讲会上的"宣讲形式"：向明星写一封信、故事演讲、漫画展示、图片解说、家庭话剧或者其他有创意的形式；

　　2.完成作品：完成自己的"宣讲"作品（如果是短剧，可以表演出来拍成视频，或者先写出剧本），3月4日中午12:00之前上传；

　　3.完成自评：完成项目式学习自评表（稍后我们将发布电子稿在群里），请家人填写好"家长评价"栏，拍照上传群文件。开学后上交纸质稿。

　　在成果准备的过程中，如果有任何疑问，欢迎大家向老师们咨询。同学们，加油！

六年级项目组

　　在常规的项目式学习过程中，师生交流更为便利，流程梳理可以引导学生组内讨论完成，共商共享。

　　真实而有意义的、有挑战性的项目的实施，需要设计者和核心指导教师拓宽思路，放手寻找可行性内容，同时也需要步步为营、谨慎前行，精心设计项目方案。在操作过程中，教师和学生都可以遵循一定的方法指导，让方案的实施更加顺畅、精彩。

第四章
三类资源让 PBL 花开落地

案例项目：三年级"面对疫情，'手'护健康"

随着信息技术的发展，现代信息技术和网络技术已经深入到人们的学习、工作和生活的方方面面。在新的时代，知识的学习和传授已经不仅仅满足于师生之间的口耳相传，而是更加注重学生的知识建构的过程。在习得新知识的过程中，希望学习者能够通过收集、分析、处理和运用信息，主动地探索、发现和解决实际生活中的问题。项目式学习就是一种探究性的学习方式，它强调以学科的核心概念和原理为中心，学习者在教师的指导下围绕复杂、真实的问题借助多种资源和工具开展实践探究活动，并制作多样化的作品展示自己的研究结果，通过这样一系列任务活动的完成来建构所需的知识和技能。本章依据我校三年级开展的"面对疫情，'手'护健康"项目式学习，从学校示范、教师制作和学生学用三方面介绍将多种资源运用到项目实施过程的做法。

第一节
学校微视频助力概念厘清

2020 年，以一种我们从未想象过的方式来临。自新冠肺炎疫情爆发以来，新冠病毒和疫情的变化始终是公众关注的焦点，疫情防控成为全国人民乃至世界人民共同的"战役"。这场战役，既是全民战役，也是全民课程。2 月初，学校要求我们作为新时代的教育人，利用好信息技术和多样的在线教学资源，思考在非常时期如何进行教学转型，支持学生深度学习，各级部围绕一个真实的驱动问题，通过线上教学与居家学习相结合的方式，引导学生进行为期一周的"'宅'家'战'疫"微项目式学习，让每一个学习者都参与一个具有真实社会影响力的项目（鼓励进行线上讨论）。各学科老师为指导老师，带领学生完成相应的项目任务；级部主任和联点行政为团队教练，进行项目管理和日常督促。正如疫情对我们而言事发突然一样，项目式学习真正落地也让我们一时措手不及，虽然没有任何实践经验，但本着"想全是问题，做就有答案！"的想法，我们快速确定与疫情相关的主题，将对项目式学习还懵懂无知的小娃分好组进行初步尝试，一周后我们发现：

一、教师的困惑

1. 项目式学习这个概念我们已经听得比较多了，很多时候它像是给教育产品盖一个戳一样，出现在各种宣传介绍里。但对于具体是如何开展的，在实践中怎么让老师设计和用好项目式学习的内容，相关的介绍还是比较少。而且，常常一讲到项目式学习就会涉及到很多翻译过来的理论模型，会让人觉得离实际操作比较远，令人望而却步。虽然听了很多理论课，对什么是项目式学习还是一知半解，更不熟悉什么指导技术，这样如何引导学生去合理探究？

2.因为休产假错过学校的项目式培训，这次学校要求每个老师都参与，说实话我是彷徨不知所措的：项目式学习到底是什么？它与问题式学习法有何不同？怎么开展？我又能做些什么？

3.受疫情影响，开学延迟和线上教学，已经给学生和老师们带来很大挑战，我们很担心项目式学习能否继续顺利进行，学生会不会疲惫？家长会不会厌烦？

4.基于真实的情景，如何提出一个有效的、逻辑性强的驱动性问题？如何找到针对的书籍或资料，快速提升自己对于项目式学习的了解？如何进行深层次的探讨和研究？

5.线上进行项目式学习的指导，没有对家长和孩子进行系统指导，是否会陷入固旧的思维模式？

6.因为是线上学习，有部分同学根本没有加入其中，全权由家长代劳完成讨论任务；也有因家长工作，根本未参与其中。而且，没有老师面对面指导，很多同学不愿思考，只是就问题回答。怎样才能激发更多学生、甚至是家长的热情？

二、学校的行动

听到老师们反映的问题后，学校迅速组织联点行政和级部主任就下一阶段的项目式学习进行在线复盘后，认识到项目式学习的三方人力资源——教师、学生和家长，都急需得到方向指引，而帮助教师厘清概念是第一步，因为教师是项目式学习的策划者、实施着和指导者，教师的观念不转变、困惑不解决，项目式学习就难以持续。

考虑到疫情"宅"家现状，不可能进行面对面的集中再培训，发送长篇的理论文章自学也不可取，如何用最有效的资源攻克教师的概念关和思维关？我们PBL项目导师团队——教师发展中心经过集体商议，向网络求答案，将资源定位于短小精悍、主题突出、传播广泛、针对性强的微视频，运用搜索引擎技巧，将下面两个资源纳入囊中。

岳麓一小 "'宅'家'战'疫" 项目式学习资源之网络微视频

视频名称	什么是项目式学习？	项目式学习和问题式学习的异同
视频时长	3:05	3:41
视频来源	好看视频	腾讯视频
推荐理由	随着大数据和人工智能时代的到来，如何让我们的孩子拥有应对未来挑战的能力和素养，如何让孩子们真正体会学习的乐趣，更多的和真实社会互动、合作，我们的教育教学模式也在发生改变，项目式学习（PBL）或许可以给我们想要的答案。	什么是项目式学习？什么是问题式学习？他们是孪生兄弟？还是大相径庭？两者对我们来说优劣何在，只需要三分钟，告诉你真相。
扫码观看		

这两个视频观看用时短，适合碎片式学习，MP4 格式方便老师们手机在线查看，突破了时间和空间的限制，最主要的是概念讲解到位，一听即可释然。

《什么是项目式学习？》以动画形式，先告诉我们大多数成年人都生活在一个充满"项目"的世界中，无论是工作分配、家庭装修还是婚礼策划，我们都需要积极地解决问题。再介绍了一名就职于肥皂公司的克莱尔小姐带领团队研究"公司在未来会以怎样方式更合理高效地进行生产呢？"；以及一名小学科学教师西蒙斯先生因为看到班级很多孩子因流感而请假，向学生提出一个问题"为什么会有这么多孩子在同一天生病？"，激发孩子们热烈讨论并质疑后挑战项目："我们怎么样才能不生病呢？"引导学生分组合作研究展示成果，将项目式学习全过程浓缩在短短的几分钟视频里，帮助老师们更好地理解项目式学习内涵。

《项目式学习和问题式学习的异同》由北京主播张伊娃真人讲解，通过清晰的语言、夸张的手势、醒目的文字、辅助的图片，让我们明白项目式和问题式的共同点是以学生为中心的独立探究学习法，都注重对学生知识与技能的综合能力的培养，而两者不同则是项目式学习具备综合性目标，包含若干个问题式学习。

我们在学习活动的设计中，不必拘泥于两种 PBL 概念，赋予学生主动性，给学生更多探究空间，才是最核心原则。老师们只要根据教学目标，做好学习活动计划和活动管理，给学生们主动权，让学生们自己通过探究来完成学习。

第二节
自制微课指引项目实施

在项目初步实施过程中，当我们发现问题时，停下来思考解决之道：对初步接触过 PBL 理念的教师，我们可以直接提供网上微视频解惑，但如何解决家长"项目式学习就是增加我们的负担！小孩子懂什么做项目，还不是要我们完成？"以及萌娃们"项目式学习好玩吗？如果不好玩，我才不想做呢！"的问题？面对不同的声音和质疑，我们没有退缩，反而迎难而上积极应对。我们的思路是利用微课这一媒介，在几分钟内分别让学生和家长认识 PBL，知晓 PBL 实施过程和方法，并有兴趣和想法尝试 PBL。这对项目团队而言，是一个极大挑战，要求参与教师技术熟练，语言精炼，脉络清晰，重点突出，从而真正达到四两拨千斤的效果。

回顾第二章的项目流程图，我们可以清楚地看到微课这一资源起了很好的穿针引线作用。（如下图所示）

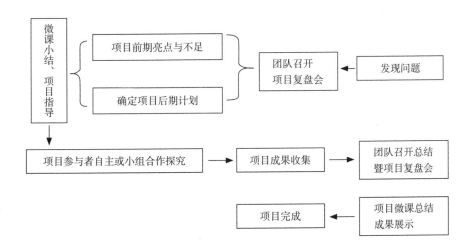

1. 学校教师研究团队率先针对学生和家长，选定相应主题，搜集相关教学材料和媒体素材，写好解说词并录好音频，制作好 PPT 课件，再利用 EV 录屏软件完成幻灯片播放的视频录制，最后用快剪辑对视频和音频进行编辑美化，制作出以下两个经验交流微课：

（1）《小想法　大不同（学生指导）》以六年级项目"新时代"明星"，我们怎么追？"为例，用鼓励的语言、诱惑的语气、起伏的声音介绍了在研究准备、深入探究和成果展示阶段的小想法和小策略，说明了信息收集的重要、在线分享的方法和成果展示的形式，以此激发学生探索之旅的心动和行动。

（2）《"宅"家玩转"项目"（家长指导）》用生动具体的事例、娓娓道来的语气告知家长如何做到"鼓励不代替，帮助不包做"。

2. 将这两个微课与前面两个微视频通过各级部在指定的时间发布到各班级 QQ 群，全体师生和家长相约云端，异地同心"宅"家观看后同频在线交流想法。学校教师发展中心编辑文字同步推送到学校公众号，从不同时间、空间最大化利用网络微视频和教师研究团队打造的精品微课资源，邀请教师、家长、孩子们一起设计学习。

3. 各级部紧跟核心团队，迅速组织 PPT 大师、写作达人、技术能手、最佳配音等，推出项目阶段小结微课，在肯定学生前期尝试的同时，布置下阶段工作和适当方法指导，让学生"宅"家利用微课自学时，遵循一定的策略，采用 WSQ 框架，即观看（Watch）、总结（Summary）和提问（Question）。

岳麓一小""宅"家'战疫'"项目式学习资源之自制微课

微课名称	小想法　大不同	"宅"家玩转"项目"	项目小结
微课时长	7:36	6:56	7:28
微课来源	岳麓一小教师研究团队	岳麓一小教师研究团队	三年级级部
推荐理由	用具体事例带孩子们真正走进项目式学习，让孩子们大脑动起来，小手动起来，能力提起来	"疫"期，家长朋友们怎样更好陪伴孩子玩转项目？怎样在项目中扮演好"老师"角色？怎样让孩子在项目中真正汲取自我锻炼和能力提升的营养？"度"很重要，视频会告诉你怎样把握	展示学生作品，介绍搜索信息方法

续表

扫码观看			

摘录微课部分脚本如下：

作为家长，我们到底怎样陪孩子宅家玩转项目呢？这里给您推荐一个十字方针"鼓励不代替，帮助不包做"，希望能让您有所收获。

鼓励不代替，其实是指家长们在项目式学习中，多鼓励孩子进行自主的思考，自己动手实践，或者寻求有效的合作，但是不能够代替孩子去完成这些事情，尤其是不能将自己思考的结果直接去代替孩子思考的结果。如在回答某些关键问题、收集和辨别信息的环节，家长不能直接把自己的思考结果、答案、搜索结果直接给孩子。如六年级的项目"新时代'明星'，我们怎么追？"，有的孩子可能觉得自己喜欢的娱乐明星，虽然在战疫过程中没有捐赠物资，但唱歌为武汉人民加油，他也是真正的英雄和偶像，对此，家长可能有不同的意见。这时，请您一定要尊重孩子，鼓励孩子多发表自己的看法，而不是急着将您的观点强加给孩子。

在项目式学习的过程中，孩子肯定会遇到许许多多的挑战，而一个一个的挑战，就是对孩子各项学习素养提升最好的契机。在完成项目的过程中，肯定是需要我们家长的一些帮助的，但是，请您一定记得这里的帮助绝对不是包做！也就是说，家长朋友一定不要过多地代劳，不能大包大揽代替孩子去做很多的事情，一定要让孩子有尝试错误和经历探索的过程。举个例子：一年级的小朋友要画一张关于病毒的手抄报，可能第一次的初稿不如人意，连自己的爸妈都看不懂。有的家长就着急了——这也太拿不出手了吧！这可是对我优良基因的否定！于是对孩子说："宝贝儿，到爸爸身边来，我来帮你画。"这就是包办！请您一定要记住，您可以给孩子一些意见或者给一些示范，但切记不能帮他去做很多的事情，因为，这样就剥夺了孩子反思和修正的机会。又比如孩子要做一份介绍战疫英雄的PPT，他遇到很多的问题，而您恰好是个PPT高手，为了让孩子的PPT做得更加精美、更加精致，或者想快点让孩子完成任务，于是你慷慨相助，"来，看妈妈的。"您用自己的特长和技能完成了一份十分精美精致的PPT，而孩子却只能在旁边静静地看着。古人云："纸上得来终觉浅，绝知此事要躬行。"亲爱的家长们，请您记住我们不必太过于在意孩子作品的精美度，更不需为了孩子作品的精美度，而直接包办！我们可以给孩子一些建议、提示，让孩子自主思考、解决问题，哪怕他最终完成的结果不怎么样！这种对思维的锻炼和拉伸过程，绝对比一份精美的作品更重要。亲爱的家长，如果您刚好有时间，刚好也宅在家里，请您多多参与孩子的项目，给予孩子必要的支持。比如孩子如果需要家庭剧演员，请您主动报名成为剧中的一名角色。

当然，在行动中我们也发现，有些孩子主动探究意识强，愿意跟着老师走，有些孩子不想动，全由家长代劳，给家人造成困扰；有些孩子想做但不会做。甚至老师们也有疑惑：接下来我们该如何继续？于是，我们组织级部老师，多次进行线上讨论，确定了本周的主题："面对疫情，'手'护健康，这里的'手'你想到了什么？"同时也给大家准备了三个子问题：

1. 疫情中，哪些人向我们伸出了援手？

2. 疫情当前，我们的双手可以做些什么呢？

3. 从古至今，你了解的洗手方式有哪些变化？

听到这里，有的孩子可能会说：老师，我想到了别的问题，可以吗？说这话的孩子，老师要为你点赞！我们就是希望大家都能有自己的想法！

这么多问题抛出来，你可能无从下手，怎么办？是不是要找一点灵感呢？电脑高手建议："找信息，去网上！"好主意！第一步：寻找信息。可是网上信息多如牛毛，真假难辨，如何取舍呢？老师教你们一个最简单的方法：用最精准的关键词去寻找信息。比如这个问题：疫情中，哪些人向我们伸出了援手？我们打开百度，在工具栏输入"手"字，哇，一亿条；换一个词"疫情"，七千多万，再换一个"援手"，六千多万，将"疫情，援手"一起输入，只有六百多万了，是不是省掉了很多无用的信息。所以啊，老师建议你们，上网找信息前先提出自己的问题，再根据问题确定关键词搜索，不仅能找到有用的信息，还能减少上网时间，保护你们的眼睛呢。

不太会用电脑的孩子也别急，老师给你们准备了四篇文章供大家自主阅读，你们可以选择阅读推荐材料或用自己的方式收集寻找一些能回答子问题的信息，接下来，你们就要好好利用这些信息，用自己最喜欢和擅长的方式重新表达出来，表达的形式可以有很多种，如你们可以用日记的形式写下来，可以用图配文的方式画下来，可以用编故事的方式讲出来，可以用幻灯片的方式播出来，等等。最后，在老师组织的分享会上大胆展示你的成果！

　　这几个视频和微课虽然短小，但一个微视频就是一个知识点，"微"而不弱；几个组合又可构成宅家"战"疫项目式可持续探究的系列启发式微课，"活"而不散。它们在项目式学习遇到瓶颈时犹如及时雨，不仅给教师、学生和家长厘清了项目式学习的概念，也间接提升了三者的信息素养和能力，激发了开展项目式学习的内驱力。

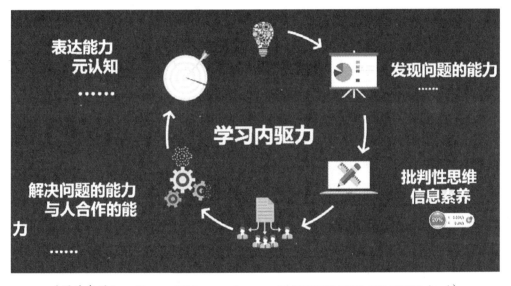

（图片来源 http://www.360doc.com/content/18/0407/06/5315_743438395.shtml）

　　老师们的观念产生了改变，学会了放手，发现了孩子们的无限可能性，从下面这封喻银老师写给孩子们的信可见一斑。

亲爱的孩子们：

　　面对突如其来的疫情，大家不得不"宅"在家里，度过一个注定难以忘怀的超长假期。上一周的项目式学习，大家积极参与，分组讨论研究，不但了解了新冠病毒的很多知识，并且出品了很多优秀的中期成果，老师给积极参与的孩子点赞！

　　在这个过程中，我们对此有很多疑问，到底什么是项目式学习？为什么要做项目学习呢？（请看第一个视频）只有我们真正了解它是什么、为什么，才能更清楚地知道该

怎么做。（学习指南：第二、三个视频）

通过这几个视频的介绍，我们对项目学习有了更深的了解。我们的项目还需继续深化。我们的"手"护，不再局限在"洗手"，还可以往更宽更有意义的领域研究，如"援手"等。为了帮助大家整体了解接下来我们的学习内容，请看第四个视频《三年级项目小结微课》及项目单（提供探究方向）。

当你明确了研究方向，掌握了一定的方法，那么，我们便要思考：我打算呈现一份怎样的作品呢？是一份手抄报还是一篇图文结合的文章？是一个短视频还是一个情景短剧？这样一个作品中又融入了我的一些什么思考？也许你想要的作品不是一次能够完成的，即使反复打磨也出不了精品，不如人意，但是请你一定记住，我们需要的不仅仅是一份作品，而是通过这份作品的呈现，能够看到你背后的努力和付出，你的能力的提升，你的素养的形成。

当你在进行探究的时候，如果遇到阻碍了，请学会用恰当的语言向周边的人求助，请求他人协助和收集整合材料，学会筛选材料一样，也是能力的提升体现哦。记住，在探究的路上，老师一直是你值得信任的陪伴者和引导者，如果你的研究与某一科目相关，你都可以向该任课老师咨询请教。期待你的积极表现！

爱你们的喻老师

学生也慢慢学会了主动思考，围绕上周驱动问题提出了自己的子问题和研究方向。比如：1703 班石昊芃、梁屹辰、王雨涵、彭诗淇、谭彭宇等同学想到：为什么医护人员每天使用 84 消毒液、滑石粉、酒精，会腐蚀他们的双手呢？我能为她们做什么？我要让自己的手成为怎样的手？1708 班邓倩倩同学有感于爸爸所在的华为公司为此次疫情伸出的援助之手，提出了这个问题：你们知道在这次疫情中，5G 发挥了多大的作用吗？还有 1705 班的谢雨含同学，虽然她是第一次参与，没有提出自己的问题，但我们看到她在认真填写项目单，按照自己的节奏尝试行动和绘制作品，并给自己在探究过程中的表现打分，体现了很强的自主意识。

家长们也发现了不一样的孩子，1704 班刘书雅同学的妈妈就深有感慨，忍不住写了这样一些文字：

书雅是一个较为内向敏感，不太自信，不愿表达表现，遇到困难有畏难情绪的小姑娘。

"宅"家的日子，班级启动"'手'护健康"项目式学习，通过小组讨论，各自的承担研究任务，再汇总展示自己的研究成果。通过三次的任务研究，从编写洗手儿歌到调查家人的洗手情况，再到面对疫情，哪些人伸出了援手。书雅通过上网查找资料、与父母家人交流、小组间相互学习等方式完成了三次研究活动。通过项目式学习，我们看到了书雅的进步：

从最开始的妈妈为主逐步过渡到自己为主。从妈妈上网查找资料，妈妈为主编写儿歌到自己可以上网搜索谁为抗疫付出了努力，自己写稿子，自己录视频来分享。

从对活动的畏难情绪到欣然接受挑战。从"妈妈，我不知道怎么写？"到"我可以把问题写出来去问家里的每个人"。

从因对自己的不满意而生气到自信大方。妈妈利用洗手儿歌录制网课，邀请书雅出镜，书雅第一次录因为紧张，说错后就闹情绪不肯录了。而第三次活动展示时，自己对着镜头一次录制成功，让书雅体会到来成功的喜悦。

作为家长，在陪伴孩子参与项目式学习的过程中，感触也颇深。项目式学习给了孩子更多的可能性，孩子可以选择自己感兴趣的话题，通过多种方式来探究，来寻找答案，最后用自己擅长的方式表达展示，这对孩子的个性化学习、主动学习都有很大的帮助，对激发孩子学习的内驱力有积极地作用。项目式学习，让我们陪着孩子认真往前走！

第三节
多样资源支持项目研究

任何社会活动都离不开资源，教育需要资源，教师的教学需要资源，学生的学习也需要资源，而项目式学习更是在真实世界中让学生借助多种资源开展探究活动，并在一定时间内解决一系列相互关联着的问题的一种新型的探究性学习模式。

一、资源利用依据

1. 建构主义认为，学习是学生在原有知识经验的基础上通过与外界环境（教师、学生、资源等）的作用，主动对信息进行筛选、加工、处理并完成有意义的建构，而不是被动地接受外界信息的刺激。它强调在学习过程中以学生为中心，以教师为主导，主张教师是学习的指导者、促进者和帮助者。

2. 项目式学习作为一种新型的教学模式，具有学习手段数字化、网络化的特点。项目式学习可以充分利用多媒体和网络等信息技术进行学习，且支持学生使用各种数字化的认知工具和信息资源来陈述他们的观点。

3. 学习者与学习资源的相互机理主要包括提供的资源、具体的问题、运用的资源和学习者，学习者根据具体的问题从提供的资源中筛选出的资源即是运用资源，在运用资源学习时，学习者即建构了自己的知识。

在学习过程中学习者与学习资源是相互作用的，但学习者仍然处于主体的地位，所以学习资源的设计开发应从学习者的角度出发，使其更加符合学习者的学习风格。因此学习者与学习资源相互作用机理对学习资源更有效地发挥、学习者学习效果的提高都有指导作用。

4.随着信息时代的到来，我们也会越来越发现：要"掌握信息"，并不一定非要"记忆信息"。越来越多的信息，我们无需记忆，只要能够及时的接触和应用就可以。如信息搜索引擎里的信息，我们无须记忆，但首先需要学会如何搜索、如何辨析其有效性、如何组合应用起来的能力。

二、资源使用原则

1.目标控制原则。教学目标是贯穿教学活动全过程的指导思想，它不仅规定教师的教学活动内容和方式，指导学生对知识内容的选择和吸收而且还控制资源类型和资源内容的选择。不同的教学目标决定不同的媒体类型和媒体内容的选择。

2.内容符合原则。学科内容不同，适用的教学资源也不同；即使同一学科，各章节的内容不一样，对教学资源的要求也不一样。对教学资源的选用和设计应以符合教学内容为原则。

3.对象适应原则。不同年龄阶段学生的认知结构有很大差别，教学资源的设计必须与教学对象的年龄特征相适应。

4.最小代价原则。研究表明，人们总是根据最小代价来选择信息。为增加信息让人接受的可能性，要么增大接受者可能有的收获，要么减少接受者可能有的困难。因此，开发的学习资源不仅应该包含较多的信息量，而且应该深入浅出、通俗易懂，以便学生能够只花较少时间就获得这些信息。

据此，我们运用微资源、微媒体、微空间进行微分享，每天推送总时长不超过半小时的两三个微型学习资源，以保证较轻的任务不会给学生造成负担，推动学生充分利用每天的碎片化时间自主学习。

三、资源运用实例

以我校三年级开展的项目式学习"面对疫情，'手'护健康"为例，回顾资源支撑项目研究。

1.项目概述：本项目是以家庭健康生活为主题的学科统整式学习。经历初步探究和深入研究两个阶段，分别基于"如何制定一份家庭洗手公约？"和"面对疫情，'手'护健康，这里的'手'让你想到什么？"两个驱动问题，通过网络搜索、观察记录、分析研究，问题查找与解决等环节的有效实施，培养学生的收集信息、利用信息再重新表达的能力和关爱生命健康的意识。

2.项目准备：各学科教师根据主题上网搜索合适的指导资料，统一发送级部工作群汇总交流，经过分类取舍我们选定如下资源。

学科	资源
语文	疫情当前，这些关于病毒、细菌、洗手、吃药的绘本快给孩子读起来 https://mp.weixin.qq.com/s/6vq9D9pv8TzuH_7tPBuGqQ
数学	停课不停学：疫情中的小学数学 https://new.qq.com/omn/20200211/20200211A0QTU300.html
英语	1. 英文绘本 I don't want to wash my hands https://dwz.cn/7DC6hTPA?u=e4bb519a4d76cc07 2. 英文儿歌 1 Wash my hands https://b23.tv/av50826167 3. 英文儿歌 2 Wash your hands song https://b23.tv/av43419988 4. 英文儿歌 3 Wash your hands https://b23.tv/av84680951
科学	1. 疫情期间勤洗手的重要性！带娃做这个趣味实验，洗手都变得好自觉 https://baijiahao.baidu.com/s?id=1657775297788720112&wfr=spider&for=pc 2. 把这五片面包给孩子看，从此主动洗手，拦都拦不住！ https://mp.weixin.qq.com/s/k_3nQBnVxEyIR25Oz6V7Cw
音乐	1. https://b23.tv/av82798848/p1 2. https://b23.tv/av21838645 3. https://b23.tv/av55142908
美术	1. 折纸教程 口罩 https://www.bilibili.com/video/av85503145/ 2. 手绘简笔画 怎样预防新病毒 https://www.bilibili.com/video/BV1S741167Yv?from=search&seid=5609303020945292930
体育	https://b23.tv/av87265048

3.项目实施：通过班级微信或 QQ 群发送阅读案例、项目学习单和 KWL、KWHAQ工具表。

时间	内容规划	所用资源
	初步探究阶段	
2.10	1. 发布第一轮驱动问题：如何制定一份家庭洗手公约？ 2. 学生在班级群阅读案例后，先口头自由交流：读了这个案例，我知道了_____，我想对说：_____，我的疑问：_____？ 3. 再讨论主题：疫情期间，你和家人做得怎样？如何制定一份能够保护家人的洗手公约？ 4. 各班归纳收集整理学生的发言	某爸爸回家不洗手，致一家五人被"感染" https://mp.weixin.qq.com/s/YIM-_c6Zq-BQM1zfbDNWjA
2.11	1. 学生在线讨论子问题 1 和 2：如何洗手，才能防范病菌？如何宣传正确洗手的方法？ 2. 各班归纳收集整理学生的发言 3. 接收"呵护健康，从手做起"PPT 复习，课后进行家人洗手情况调查	PPT 各学科资料包 KWL 表格
2.12	1. 学生在线反馈家人情况，讨论子问题 3：和家庭成员制定家庭洗手公约 2. 各学习小组梳理发言，归纳小结	关于家人洗手情况的在线问卷或调查表
2.13	1. 各班以学习小组为单位进行资料制作和收集高品质作品 2. 教师答疑解惑 3. 梳理小结	https://mp.weixin.qq.com/s/zIDR2rV38d_R4y1VV_jksg 面对疫情，"手"护健康——1704 班网络项目式学习（一）
2.14	1. 各班成果收集和汇报 2. 朋友圈截图或公众号推广发布——岳麓一小三年级项目式学习"面对疫情，'手'护健康"，截图发三年级群 3. 资料汇总	https://mp.weixin.qq.com/s/TCNHoERyKjddAoXjyGzrbg 面对疫情，"手"护健康——1704 班网络项目式学习（二）

续表

时间	内容规划	所用资源
	深入探究阶段	
2.22	1. 发布第二轮驱动问题: 面对疫情, "手"护健康, 这里的"手"让你想到什么? 2. 学生和家长观看《什么是项目式学习》《项目式学习与问题学习的区分》《岳麓一小宅家抗疫项目式学习交流课之家长篇》《岳麓一小宅家抗疫项目式学习交流课之学生篇》, 获取方法, 交流所想 3. 各班归纳收集整理学生和家长的发言	四个校微视频 自主学习任务单
2.23	1. 学生看《岳麓一小三年级项目式学习指导》微课, 接收教师发送的《"手"护健康之项目单》, 确定子问题开展探究。 子问题1: 疫情中, 哪些人向我们伸出了援手? 子问题2: 疫情当前, 我们的双手可以做些什么呢? 子问题3: ……(学生自己想到的问题) 2. 教师答疑解惑	一个级部微课、一份项目单和四个阅读网站 五双手铸就亚运城疫情防控的第一道防线 http://url.cn/5waKkqI 医护人员这样的一双双手 在坚持在死亡中抢人 https://news.sina.com.cn/s/2020–01–28/doc-iihnzahk6644122.shtml "手"卫人民 --- 疫情当前, 你的双手可以做些什么呢? http://url.cn/5cimZVg 洗手是很有仪式感的 http://url.cn/52820qL
2.24—2.26	1. 学生和家人或同伴组队进行探究 2. 教师答疑解惑 3. 各小组归纳小结	一首教师下水诗《这双手》
2.27—2.28	1. 学生或小组确定成果形式 2. 各班成果收集和汇报 3. 资料汇总上交	级部总结微课

处在信息时代，作为现代意义上的学习，如果学习者不能突破传统学习环境和资源观的束缚，其学习的效率和效益必然是不理想的。学生在不断成长，科技在不断进步，自然在不断改变，社会也在不断发展。处在这样的背景中学习，所接触的学习资源也是不断拓展和变化的。只有以"学习的外延等于生活的外延"的理念来开发和利用广袤的资源，才能使学习充满永远充盈着无限的魅力与生机，在生活中汲取到无穷无尽的"营养"，也才能使学习能够适应社会进步和个人终身发展的需要。

三周的时间，说长不长，说短不短的项目式学习，期间经历了初始的迷茫纠结、中期的持续深入、最终依托三类资源花开落地，师生和家长都获得了不一样的成长体验，看见了更大的世界！

附：

1.三年级"'手'护健康"项目式学习总结微课

2.项目式学习公众号推送

（1）乐学课程，吹响童心"战疫"集结号！

https://mp.weixin.qq.com/s/9LFyc7WFtgC6z4lN_T7ytA

（2）疫期，邀您一起为宅娃设计"学习"！

https://mp.weixin.qq.com/s/DbL9mWRTbqzcByTJAa_URw

（3）疫期，随宅娃一起体验深度学习的魅力！

https://mp.weixin.qq.com/s/PPFblqveBSky0-cfAIhZ7A

（4）疫期，项目带我们看见更大的世界！

https://mp.weixin.qq.com/s/cZ37uGdhX6icsLnXWnltiw

（5）面对疫情，"手"护健康——1704班网络项目式学习（一）

https://mp.weixin.qq.com/s/zIDR2rV38d_R4y1VV_jksg

（6）面对疫情，"手"护健康——1704班网络项目式学习（二）

https://mp.weixin.qq.com/s/TCNHoERyKjddAoXjyGzrbg

（7）【宝贝信箱】疫情给我们带来的思考

https://mp.weixin.qq.com/s/EVkft32xaGF0IqlCvRM4dQ

3. "面对疫情，'手'护健康"之项目单

班级：		姓名：	学号：
项目阅读材料	1. 五双手铸就亚运城疫情防控的第一道防线 http://url.cn/5waKkqI 2. 医护人员这样的一双双手 在坚持在死亡中抢人 https://news.sina.com.cn/s/2020-01-28/doc-iihnzahk6644122.shtml 3. "手"卫人民——疫情当前，你的双手可以做些什么呢？ http://url.cn/5cimZVg 4. 洗手是很有仪式感的 http://url.cn/52820qL		
阅读发现	从第_____篇文章中，我发现了：		
阅读重点			
阅读思考与感想			
我的研究方向与步骤			

续表

研究成果	展示时间： 展示形式： （形式不限，可文字、视频、PPT 等，成果请另附）

4．教师的诗

这双手

岳麓一小　谢维

这双手
分明瘦骨嶙峋
搬起救助物资来
却铿锵有力
我曾问过她的名字
她摆摆手，只道
一方有难，八方支援

这双手
分明已满是血痕
接下任务的霎时
却有了柔若无骨的灵巧
我曾问过她的名字
她摆摆手，只望
争分夺秒，妙手回春

这双手

分明已老茧累累

挥舞起铁锹

建造起医院

却有疾风扫落叶之迅猛

我曾问过她的名字

她摆摆手，只意

柴多旺，水涨船高

这是一双普通的手

她何曾不是血肉之躯

这是一双非凡的手

却生生创出无数奇迹

是你的热情点燃了她

是他的信念坚定了她

是她的柔情呵护了她

十指连心，齐心戮力

祛恶毒，育家园，唤真情

执手相援情与共

众志成城在人间

第五章
家庭协作让 PBL 课堂实施升级

案例项目：二年级"面对病毒，怎样使自己成为一个身体棒棒的好孩子？"

　　家庭协作给 PBL 营造了轻松的氛围，让学生能够畅所欲言，主动的表达自己的观点，来自家庭成员的信息被充分的分享，家庭元素融入项目式学习中让过程充满家的温馨。同时，PBL 开放的教学模式＋有效的家庭协作，让学生获取信息的途径更为广泛，学生们的合作能力，文献检索查阅资料的能力，归纳总结、综合理解的能力，逻辑推理、口头表达的能力得到了锻炼。更重要的是家庭协作促进了 PBL 教学发挥社区协作的知识获取渠道的立体结构优势，这样的优势，让 PBL 课堂外延无线伸展，课堂实施升级到更广域的层次。本章从家庭公约、家校交流、家长感言三个方面来展示家庭协作赋予 PBL 课堂实施的超级"升级力"。

第一节
家庭公约让学习更自律

家庭公约是"制度＋方法"的一种家庭教育工具，通过契约形式，帮助每个家庭解决在实际生活中难以通过口头说教解决的问题，通过家庭公约，可以促进家长与孩子共同研究学习，同时也是"最美家庭"的孵化器，使家庭氛围更加温馨和谐，使项目式学习更有效，更自律。

一、针对研究内容，构想家庭公约

就孩子和父母而言，有形式感的爱的教育是十分有必要的。因为孩子的成长和父母的成长的过程是捆绑的，因此全员的参与度非常重要。在统一了这个理念以后，二年级学生在家长的指导下，针对项目式学习的研究主题"面对病毒，怎样做一个身体棒棒的好孩子？"，共同构想家庭公约。每个家庭开始认真对待，按照要求召开家庭会议，进行角色任务分工，认真思考各自的约定内容，共同商榷实施意见。家长们有意识地把孩子推送到一个平等的位置，引导她们表达自己的观点。

二、依据预期构想，制定家庭公约

家庭公约的制定符合项目式学习研究的主题，贴近孩子的实际生活，遵循公平公正的原则，同时，使孩子深刻理解家庭公约制定的意义及作用，与家长之间达成统一的约定，互相约束，互相执行，互相督促，达到良好的学习研究效果。

以二年级寒假网络项目式学习"面对病毒，怎样使自己成为一个身体棒棒的好孩子？"研究主题为例，具体制定步骤如下：

（一）了解疫情，激发动力

通过学校发布的项目式学习视频图文资料，爸爸妈妈和孩子们一起深入了解当前疫情的具体情况，激发孩子"宅"在家学习的动力，明确学习研究的目标。

（二）熟悉主题，掌握方法

熟悉二年级项目式学习研究的主题，孩子与家长共同掌握学习研究的方法，根据主题与方法统筹安排学习。

（三）规划作息，合理安排

孩子们在爸爸妈妈的指导下，设计每日作息时间表，对照作息时间表合理安排每一天的学习研究，爸爸妈妈当监督员，自己是执行官，培养孩子的自律和综合素养。

（四）综合评价，能力提升

孩子们与家长共同制定评价表，按公约要求自评互评，统计得分，总结当日的优点与不足，及时反思与改正，使孩子的学习能力和效率得到提升。

三、有效研究学习，遵守家庭公约

家庭公约制定好后，全家严格按照家庭公约执行，按时作息，认真学习，扎实研究，效果显著。

附家庭公约：

爱的公约

1802班　万瑾瑜

最近新冠肺炎肆虐，疫情期间虽然我们都宅在家里，但学习的脚步不能停止，为更好完成项目式学习，我们家庭成员一起商讨制定此公约。希望每个家庭成员能各司其职，遵守公约，让我们圆满完成本次项目式学习，互相促进，让我们的小家沉浸在爱和幸福里。因为幸福和爱是对抗病毒最强的"免疫力"。

1.一年之计在于春，一日之计在于晨，一天中的学习更需要做计划。在本次项目式学习中万瑾瑜是小计划员，自己根据每天的小任务，自行分配，合理安排时间，做好一周项目式学习计划表，爸爸妈妈是计划的监督员，每天检查各项小任务是否按时按量完成了。

2. 因为疫情期间线上学习可能会有不懂的知识点，爸爸是教学辅导员，负责协助知识查阅的工具、渠道和解答，妈妈是消息传递员，负责传达项目式学习的通知和具体要求。

3. "好的免疫力，棒棒的身体"是我们项目式学习的驱动问题，所以根据驱动问题，我们制定了每天坚持运动的项目式学习计划，如开合跳、十字跳、坐位体前驱和 1 分钟跳绳等。爸爸和妈妈要加入一起锻炼，参与到各项项运动中并互相督促。奶奶和爷爷是记录员，登记好每天运动的种类和次数。

4. 除了普通的运动，爸爸还是图纸设计院，负责每周制作不同的室内定向越野图纸。每周末万瑾瑜在家完成一次室内定向越野，定向越野的任务内容由爸爸妈妈定制。在这段特殊的时间里，通过本次的项目式学习和家庭公约的制定，我们家庭每位成员在获取了丰富的知识的同时也互相促进锻炼，有了一个积极的心态和健康的体魄，家庭每位成员都受益匪浅。

项目式学习家庭公约
1804 班　马文恬

停课不停学，为了更好地开展在家项目式的学习，特制定以下公约。

1. 每天 7：00 起床，规划好学习生活任务（写在本子上），并落实。

2. 负责有关项目主题学习的信息收集和整理。（父母协助）

3. 制定项目式主题学习的计划或方案。（父母协助）

4. 每天进行项目主题运动的多样化开展运动一小时。

5. 每天阅读有关项目主题学习的一篇文章或一个故事，并做好读书笔记。

6. 根据主题学习可尝试编诗歌演唱并做好记录。

7. 每天听读英语打卡、根据项目式主题学习相关英语单词或句子。（父母协助，不懂可以请教老师）

8. 根据项目式主题学习内容编制绘本。

9. 生活上协助妈妈和奶奶做家务，洗碗、拖地、擦桌子、带妹妹等。

10. 每天晚上 9：30 准时睡觉，睡前有时间可根据当天的内容尝试编制故事讲给大家听。

11. 每周六晚 8：00 家庭会议（总结学习生活的优缺点并做好下周计划）。

12. 天气好每两周至少一次全家户外活动。

马朝　刘艳

马文智 马文恬 马文芮雅

2020 年 3 月

"做身体棒棒的我""宅"家公约

1808 班　叶沛滋

家庭教育是学生成长教育的重要部分。为了充分发挥家庭教育的作用，促进项目式学习落实，做更健康向上的"小麦子"和"大麦子"，在公平公正、切实可行的原则下，我们一家共同制定本公约，遵照执行，以达到互相影响、互相鼓励、互相监督、共同进步的目的。

一、规律作息。严格按学校作息时间表和项目式学习计划安排生活和学习。做到早睡早起，不熬夜不睡懒觉。

二、认真学习。按时上网课，认真听讲做好笔记。积极完成各项作业，保证质量效率。

三、积极劳动。自己的事情自己做，自己"叠被子、刷池子、清桌子、光盘子、复位子"。帮助家长做一些力所能及的其他家务劳动。

四、坚持运动。每天坚持体育锻炼，增强抵抗力。

五、文明礼貌。尊敬师长，礼貌待人，使用文明用语。

六、讲究民主。互相尊重对方意见，遇事协商沟通，控制情绪，不高声呼叫、不言语粗暴、不随意发脾气。

七、相互关爱。每天问候对方、鼓励对方、关心对方。每天坚持共同阅读、共同讨论、共同锻炼、共同劳动、共同分享，增进亲子互动。

制 定 人：妈妈和小叶子

参 与 人：全体家庭成员

执行法官：小叶子

项目式学习家庭公约

1809 班　罗紫涵

这个寒假有点特殊，因为疫情的关系，我们不得不"宅"在家，没有办法回学校学习。因此，学校开展了一系列跟疫情有关的项目式学习，爸爸妈妈也非常支持，让我们一起去探讨学习吧！

一、确定主题

面对病毒，怎样做一个身体棒棒的小韭菜？

二、制订规则

（一）组建学习共同体"三人行项目组"

成员：爸爸、妈妈和我

（二）制订合作规则

成员	负责工作
爸爸	1. 带我查找有关病毒的相关资料。 2. 一起探讨怎样才能提高免疫力。 3. 提供手机、iPad 或电脑。
妈妈	1. 陪我梳理总结相关内容。 2. 指导我设计创作。
我	1. 提出问题，选择问题。 2. 不懂就问、就学。 3. 不怕困难，完成作品。

三、动手制作

1. "面对病毒，怎样做一个身体棒棒的小韭菜？"记录卡

和爸爸一起探讨后完成。

2. 思维导图

和妈妈再次梳理、整理内容后完成。

3. 抗击病毒手抄报

① 妈妈协助上网查资料；② 板块设计、绘画、写字自己独立完成（色彩方面妈妈做技术指导）。

四、成果展示

① 记录卡；② 思维导图；③ 抗击病毒手抄报。

附：成长积分家庭公约评分表

"做身体棒棒的我"宅家公约评分表						
类别	奖励项目	加分	处罚项目	减分	备注	
作息	上学早上 7：30 起床、晚上 22：00 睡觉	5	晚上超过 22：00 睡觉	-5		
	午休	5	没有午休	-5		
礼仪情感	早上起床向家人问好，晚上睡觉前说晚安，见到老师、同学主动问好	5	不打招呼、不礼貌	-5		
	与家人拥抱	5				
	遇事脾气、性格好	5	乱发脾气	-5		
生活行为习惯	自己起床穿衣服、系红领巾、穿鞋子	5	奶奶代劳	-5		
	防控（每次饭前、便后洗手，多喝水，不出门，出门戴口罩）完成一项加 1 分	5	手脏未洗手、未主动喝水（每项扣 1 分）	-5		
	在餐桌前吃饭，光盘	5	家里其他位置吃饭	-5		
学习	听直播课	5				
	独立、及时、正确完成布置作业	5				
	完成口算打卡及课外练习题	5				
	考试 100 分	20	考试 90 分 ~95 分	-5		
	考试 95 分 ~99 分	5	考试 90 分以下	-10		
课外	练钢琴 30 分钟以上	20	该练，没有练钢琴	-10		
	阅读并写阅读记录卡	5				
	写一篇日记或诗	5				
	背古诗一首或日有所诵	5				
	观看新闻联播	5				
	竹笛练习	5				
做家务	扫地、拖地、洗碗	5				
	整理书包、书桌	5				
	自己叠被子、洗袜子	5				
体育运动	坚持跳绳、体前屈、高抬腿等（每完成一项加 2 分）	10	至少完成一项，未完成扣分	-2		
	周末爬山	5				
奖励处罚	一周内不扣分	10				
	受到老师表扬	10	批评	-10		
其他						

第二节
家校交流让协作更默契

家校交流指家庭和学校为了达到共同的学习效果，而彼此了解、相互合作，通过语言等多种媒介而进行的信息传递、思想交流的行为。通过互相交流与沟通，共同讨论与研究，并以此来了解学生学习的兴趣、重点、方式、效果等。家校交流有利于促进家长对项目式学习的认知，使家校教育产生合力，与孩子共同协作更加默契。

一、级部牵头，达成共识

级部是学校组织框架中基本的管理层级，是学校管理体系中非常重要的一环。学校的教育目标、学校主要的管理决策及工作任务都必须依靠级部的执行、落实才得以达成，所以级部在学校的教育、教学工作中发挥着十分重要的作用。因此，以级部牵头，组织线上研讨、理论培训，让年级的所有老师对项目式学习研究有了深入的了解，知道项目式学习是什么、做什么、怎么做，并且把所学知识辐射到各班，让整个级部的老师、家长、学生对 PBL 项目式学习产生兴趣，积极主动开展线上研究学习。

1. 班主任线上培训落到实处

级部建立班主任群，级部主任组织班主任进行线上培训，学习《什么是 PBL？》《项目式学习与问题式学习的相同与不同》的理论学习到《"宅"家，怎样陪孩子玩转项目？》《小想法，大不同》视频，大家共同参与其中，从理论学习中找精髓、找方法，从视频学习中找实施过程、找研究策略等，让班主任更加清楚地掌握如何指导学生研究、家长如何配合开展项目式学习研究，让班主任的线上培训真正落到了实处，学习效率得到了提高。

2. 副班主任成为得力助手

班主任的工作离不开副班主任的配合，班主任线上培训的同时，副班主任在线上加强对项目式学习研究的学习，根据学生的年龄特征设计驱动问题、设想实施过程、预计研究成果等，并共同商讨出指导家长和孩子开展研究的方向与方法，使班主任、副班主任、家长、学生四位一体，学习理念达成共识，让研究更有实效，更有价值。

二、开展研究，家师合力

项目式学习在级部的组织下，各班根据班级文化特色，设计了以下子问题：

1801 班：面对病毒，怎样使自己成为一个身体棒棒的"小太阳"？

1802 班：面对病毒，怎样使自己成为一棵身体棒棒的"小树苗"？

1803 班：面对病毒，怎样使自己成为一颗身体棒棒的"小星星"？

1804 班：面对病毒，怎样使自己成为一棵身体棒棒的"小树苗"？

1805 班：面对病毒，怎样使自己成为一只身体棒棒的"小鹦鹉"？

1806 班：面对病毒，怎样使自己成为一个身体棒棒的"小水滴"？

1807 班：面对病毒，怎样使自己成为一个身体棒棒的"小北斗"？

1808 班：面对病毒，怎样使自己成为一株身体棒棒的"小麦子"？

1809 班：面对病毒，怎样使自己成为一棵身体棒棒的"小韭菜"？

各班根据子问题，详细制定了班级的实施计划，明确了目标，讲明了方法，阐述了过程。

1. 查找资料，家长给力

孩子们根据驱动问题，通过翻阅书籍、上网查找、询问家长等方式，了解怎样使身体棒棒的好方法。在查找资料的过程中，遇到困难及时寻求家人的帮助，家长与孩子一起共同查找、共同探究、共同整理、共同总结，使学习研究更深入。

2. 整理资料，老师助力

在资料的分类整理环节，二年级的孩子由于能力有限，收集的资料比较零散，不会分门别类，因此，在老师的专业指导下，孩子们把收集的信息进行分类，把使身体棒棒的方法制作出精美的树状图、思维导图等。老师助力，孩子受益。

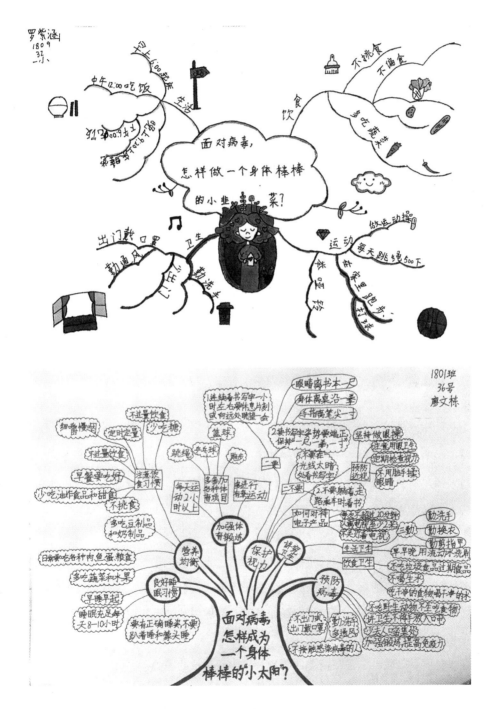

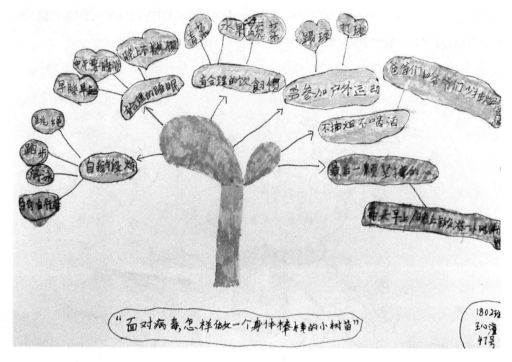

"面对病毒，怎样做一个身体棒棒的小树苗"

3. 共同参与，成果纷呈

（1）家人协作，参与任务

在项目式学习研究中，整个过程要求亲子合作，与家人一起查阅书籍、上网搜索、咨询请教，让孩子从学习中找到快乐与成就感。

（2）老师答疑，专业引导

每天晚上8点，各班班级群里组织线上答疑，孩子与孩子互动、孩子与家长互动、家长与老师互动、老师与孩子互动等，讨论得热火朝天，氛围非常好，同时也使研讨更加真实，大家都从中受益。

（3）家长指导，但不包办

在整个项目式学习中，家长是孩子的引导者、支持者、参与者，家长的定位非常准确，孩子们没有任何依赖，家长们放手让孩子深入研究，不包办、不代办、不插手，严格遵循放手不放开的原则，使孩子们更加自信、更加主动、更加积极、更加快乐！

（4）成果展示，精彩纷呈

在成果展示阶段，一张张精美的图片、一幅幅精致的图画、一段段完整的视频、一本本幽默的绘本、一个个好玩的游戏、一份份详细的健康计划……无不体现了在老师的引领下、在家长的指导下、在孩子的设计下，成果展示精彩纷呈，近乎完美。

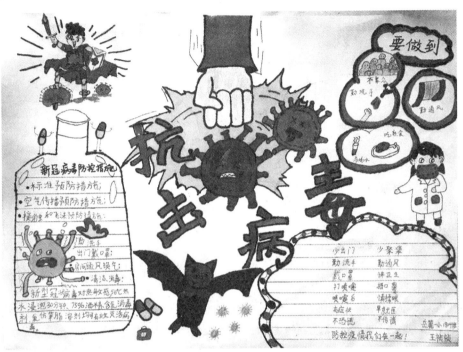

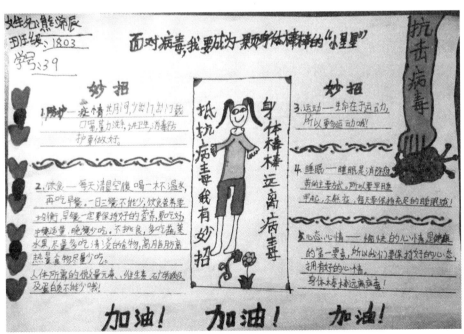

第三节
家长感言让成长看得见

在整个项目式学习过程中，孩子是主体，家长是支持者、引导者、参与者。孩子们通过收集信息、整理信息、分类归纳、成果展示等一系列活动，使自己的创新能力、整理能力、表达能力、思维能力等得到了很大的提升，作为家长，看到了孩子在学习研究中的成长，收获了成功的喜悦，感叹项目式学习的神奇。

附家长感言：

上周，我们 1801 班的孩子和家长共同参与了一场特别的项目式学习。学习的内容是"面对病毒，怎样成为一个身体棒棒的小太阳？"这次学习，采用亲子共同参与和探讨的方式，围绕问题，结合自身生活经验、查找资料等，让孩子们找到面对病毒时，怎样才能使身体棒棒的方法。老师们的这个课题选材非常好，不但贴近孩子的生活，并且可挖掘性很强，孩子在学习的整个过程中都是沉浸在一种快乐探索的喜悦中，积极向上、主动学习，经过查找资料、分类整理、归纳总结这一学习过程，孩子的收集能力、整理能力、归纳能力和语言表达能力都精进不少。感谢老师们组织的这次学习，通过这次学习，不但让孩子懂得了一个健康体魄的重要性，更加增强了孩子的学习使命感，他说他是在"战疫"中成长起来的接班人，一线的英雄们在前线逆行，他要在家里成为一个身体棒棒的小太阳，合理安排好学习，加入到与时间赛跑的跑道上，跑出学习的速度，学时代英雄、担少年责任！最后，感谢老师们给予孩子这次学习的机会，真诚地道一声"你们辛苦了！"

1801 班廖文栋妈妈

2020年注定又是一个不平凡的庚子年，新冠肺炎病毒突如其来，从湖北武汉出发，一下子就在全国各地蔓延开来，一切都让我们有点猝不及防。不过，老话说得好，"万事开头难"，度过了史上最平淡的春节后，我们慢慢的习惯了这种"宅"在家的生活，孩子们这次过了个史上最漫长的寒假，开学还遥遥无期。在这样的背景下，学校开展了耳目一新的项目式学习。在本次的项目式学习中孩子在引导下独立思考探索获得了自己的成果，学习过程中孩子独立查阅书籍、查找资料、分类整理、归纳总结，经过这个学习过程，孩子在整理能力、收集能力、归纳能力都得到了提高。

本次项目式学习中，结合驱动问题并考虑到这次的疫情，我引导孩子以平日里玩定向越野的经验设计了一个居家定向寻宝的小游戏来完成本次项目式学习。为此我设计两套方案，一是从疫情防御出发，设计的"疫情防御版"，包括以正确的方式洗手、自己整理自己的物品、正确的方式戴取口罩、居家小运动（跳绳、开合跳）等；二是从学习角度出发，设计的"常规学习版"。孩子很喜欢这种学习探索方式，寓教于乐，在设计路线和点位放置的时候，她还提出她自己的意见和建议，也研究出了自己的精彩成果。在学校启动的项目式学习中，孩子收获颇丰。"项目教学法"让学生实施一个个具体的项目，孩子学习的目的很明确、兴趣浓厚。自行设计一个其感兴趣的项目，调动了孩子学习的积极性。在项目实施过程中，学生时常感受到成功的喜悦，这更强化了孩子的学习积极性。我们相信在抗击疫情的斗争中，岳麓一小的孩子们一定会与家长与老师们手挽手，心连心，传播正能量，带着无限的希望，共盼黎明的曙光，在项目式学习中继续成长和前进。

1802班万瑾瑜妈妈

新年伊始，一场突如其来的新冠肺炎打乱了我们所有人的步伐。"宅"在家，成了我们唯一能做的事情。面对这次特殊情况，岳麓一小积极响应政府号召，停课不停学，组织学校老师给我们带来了别开生面的课堂——项目式学习。

当学校提出这个课堂内容的时候，我是很惊喜的，因为我曾经看过一本书，叫做《翻转式学习》，跟我们学校提出的项目式学习是差不多的。我一直很期待我们中国的课堂也能有这种自主学习的新方式来刺激孩子主动学习。在书中我听过一句话，教育不是注满一桶水，而是点燃一把火。那么这次项目式学习就是点燃了这把火。

我欣喜于学校对于孩子在特殊时期的学习内容上的用心。因为这是颠覆传统教学的一种模式。下面我来分享一下我们家孩子在这次学习中的成长。

不同于以往的教学，以前是老师准备好所有的材料，再一点一点的教授给孩子，而这次，老师只给了命题，让孩子自己去找知识，这激发了孩子自主学习的欲望。

当王祯祯看完老师发的项目式学习视频的时候，是有点不适应的。她不知道该从何下手，毕竟是第一次进行这种学习。

我让她反复观看视频，让她做记录，慢慢地她找到了方法。

首先她让我和她一起在网上找了很多关于新冠肺炎的漫画图片，让她自己来选择她认为简单易懂又容易画的漫画。因为正好她的美术学校也上了制作手抄报的公益课，所以正好可以采用手抄报的方式来完成这次学习内容。

当孩子的学习动力被激发后，潜力是无限大的。可能这些新冠肺炎知识我们如果让她机械式的背下来，可能就没有这种效果。在制作手抄报的时候，她寻求我的帮助，让我帮忙设计下版面大小，对觉得有难度的漫画，则寻求有美术功底的爸爸的帮助，力求完美。这样的环境下学习，不需要我们家长时时刻刻地催促，她完完全全地自己沉浸在学习氛围当中。

后来美术学校又教她们制作手工电视机来宣传新冠肺炎防护知识。有了手抄报的前期铺垫，制作电视机画面的时候，她可以说是手到擒来，完全不需要再找资料，因为自主式的学习，真的是让知识根深蒂固。

后来，我要求她来解说一下自己的电视机，没有草稿，没有华丽的语言，她就自信的展示了出来。我给她拍视频的时候，以为她会很紧张，甚至会结巴。但是没有，比我预期的要好很多。她能流利的讲出来，说明这些知识已经刻在了心里。她最后还提出，让我们保护大自然，爱护大自然，说明她清清楚楚的明白了这次疫情是因何而来。

项目式学习，给孩子带来的不仅仅是自主学习的动力，而且还培养了他们的分析和解决问题的能力、思考能力、交流能力和与他人互动的能力。

希望我们岳麓一小能继续坚持这种创新的方式来引导孩子自主学习，授人以鱼不如授人以渔。

1804 班王祯祯妈妈

孩子上周参与了"面对病情，怎样成为一只身体棒棒的小鹦鹉？"主题项目式学习，作为家长，从陪同孩子一起探讨思索方向、收集素材，到最后辅助她完成学习成果，亲身感受到了一种不一般的学习方式。

其一，从项目式学习本身而言，它倡导了以孩子为中心的教育方式。作为二年级的孩子，已经逐渐具备独立思考和操作的能力，老师和家长所做的，只是教会他们用一种更加简洁、更一目了然的方式，让他们将所思所想形成文字、图片，更具形象的表达出主题内容，这对于孩子的学习来说是一种变革。

其二，独特的学习方式，更具趣味性，也更有利于家长与孩子们的线下交流，增强了孩子的主观能动性。从被动接纳知识，变为主动思考和探索，并且在与父母的讨论中形成自己独有的观点、想法，这是难能可贵的。

其三，锻炼孩子的动手能力。从资料收集、文字归纳到形成图文并茂的作品，其中需要更深入的了解和严谨的操作。孩子从兴趣入手，到能独立自主完成学习，其中所获取的技能也许会囊括几种学科知识。

综上，我认为项目式学习对于孩子而言是很难得的体验，也希望在她逐渐掌握这种学习方式后，能懂得在现实中将这些知识学以致用，持续成长。

1805 班谢钰乔妈妈

这是一个与平时不一样的寒假，原本因为疫情而变得寂静的春天，也因为学校进行项目式学习而焕发了不一样的生机。不论是笑笑还是我自己，都感受到了获得的喜悦。

从第一周的"面对疫情我想说……"到上周的"怎样成为一个身体棒棒的小水滴"，孩子有了不小的变化。在班级群发言，虽然任务简单，但她仍然希望把自己最好的一面展示出来。为了那段短短的发言问了我很多问题，字斟句酌，非常认真。第二周的话题更是调动起了孩子的积极性，家里课外书上相关的内容她都仔细找了一遍，摘抄了一些，又问了我和爸爸不少相关的问题，我们鼓励她自己查找答案。经过一番网络查找，她终于收集到了不少相关的内容，然后找出家里的各种材料，开始做剪贴手抄报。笑笑做事一直很认真，追求完美，相对的时间也就花得比较长，我看她剪剪贴贴改来改去，几次想要催促她，想到老师强调的"这是属于孩子自己的探究发现过程，要更多地给她自主的空间，才能让她锻炼能力、获得提高"，我还是把插手的念头压下去，只给了一点排版上的意见，就让她自己发挥了。

经过一天半的努力，笑笑终于完成了她的剪贴手抄报，效果还是非常不错的，把手抄报晒到班级群的时候，我看见孩子露出了自信的笑容，我也由衷地为她高兴。而比作品的展示更有意义的，是这个不断质疑、求证到自信的过程，孩子凭借自己的努力，通过思考、收集求证、动手制作，最后得到了属于自己的学习成果，不仅锻炼了自己，还得到了不小的成就感，我想对于她和我，这都是珍贵的财富，未来期待她更多的参与，更多的惊喜和成长。

1806 班全星霈妈妈

记得第一次听到李校长谈"PBL"项目式学习还是在年前的校级家委会上，当时只觉得很新奇，觉得我们的校长很有想法。想不到短短数月，学校就开始推行实施了，这其中包含着校领导及老师们付出的巨大努力，尤其在这疫情形势严峻之时，我们的孩子无法入学之际，学校推行了这个项目式学习，简直就是及时雨，既让孩子们收心增长了知识，又缓解了家长们的焦虑。

精彩绝伦的别样"开学典礼"之后，每天免费的"停课不停学"直播网课以来，又一个重磅之喜"项目式学习"来临，每个班级的学校主题还不一样，我们班的主题是"怎样做一个棒棒的小水滴"，这对孩子们来说真是很有意思呢！

在蔡老师及各位任课老师的耐心讲解、精准点评和不断鼓励下，1807 班的宝贝们个个大展身手，徜徉在各种知识的海洋里不能自拔。查阅书籍、看新闻、看电视、看报纸、网络学习、百度搜索、请教父母……在全面了解疫情后，孩子们开始思考：我知道了什么？怎么知道的？我还想知道什么？为了身体棒棒，我的健康计划是什么？于是孩子们开始了各种天马星空的主题创作，有画自己的、有画医生的、有画军人的、还有画各种打败病毒的……除此之外，孩子们还给自己制定了很多健康养生计划，每天在群里发打卡视频，跳绳、武术、篮球、羽毛球等体育练习。

我家孩子这一周以来还是有明显进步的，知道珍惜现在来之不易的幸福生活，每天会给自己做计划表并完成，每天进步我就知足了。

1807 班李兆曦妈妈

2020年这个头开得"出其不意"！谁曾想，因为新冠肺炎疫情，让我们遇上了一个超长版的寒假。推迟开学了，孩子们的学习、生活怎么安排？不用上学？"神兽"们天天在家岂不是要大闹天宫？疫情带来的连锁反应确实令家长们头疼！还好，还好！岳麓一小的老师们为全体学生安排好了"宅"家学习攻略——乐学课程，吹响童心"战疫"集结号！

集结号吹响的第一周，我们在线上跨时空交流"面对疫情我想说"。

集结号吹响的第二周，我们在老师们精心构建的空中课堂开展项目式学习。

级部主任樱子老师录制了一个声情并茂的视频，用甜美的声音、精致的课件，生动的向我们展示了我们二年级同学们上周的"宅"家学习情况，并介绍了本周的学习任务。本周年级项目式学习的题目为："面对病毒，怎样成为一个身体棒棒的好孩子呢？"（根据本班班级文化，我班的项目式学习题目为"面对病毒，怎样成为一个身体棒棒的小麦子呢？"）

这是什么？怎么操作？

是不是看到就一脸懵？

不用担心，视频教我们简单三步走：

1.查找资料：通过查阅书籍、上网、请教家人等方式了解使身体棒棒的方法有哪些；

2.简单记录：分类整理，归纳总结使身体棒棒的方法；

3.成果展示：

（1）与家人合作，完成活动记录卡；

（2）用绕口令、儿歌、宣传海报、图配文、手抄报、漫画、家庭情景剧、亲子游戏等形式展示。

任务一出，群里顿时热闹起来了。班主任冯老师立马答疑、指导，分解任务，家长们开始讨论，献计献策。经过一周的资料搜集和整理，走过最初的迷惑，终于，2月22日，小麦子团的班级群里迎来了一波又一波的佳作！

收获一：惊讶于孩子们的创造力

小麦子群里有好多大咖级作品！视频类作品有李铭城的动态的连轴漫画展示，有运动小健将吴柳宣的运动集锦，有郭瑞平用快板表演，有小仙女胡祯臻、李昭熠念的顺口溜，有杨诗薇小美女送的祝福；李良午同学的漫画充满童趣，喻洁馨、黄子曦、周璟添的海报生动精美……

"小麦子"们的智慧真是无穷无尽啊！

收获二：项目式学习的长远影响力

在本次项目式学习的过程中，老师与孩子们、家长与孩子们，一同阅读、搜索、思考、交流、表达，实践。这次实践较之传统的任务学习更高效、更长效。

现在的孩子都养成了等待答案的习惯。当问题提出之后，等着老师告知正确的结果，而不是通过各种渠道获取答案。自己不动脑筋，所以很多时候学完就忘。而在这次完成项目式学习的过程中，学生将学会使用多种信息检索工具或者尝试方式去搜索资料，再分析，并且在形成结论之前会跟家长、同学沟通合作。这样的学习方式必将造就新时代所需要的新型人才，让孩子们成为"高分＋高能"的人才。

写在最后：岳麓一小老师们本次开展的线上项目式学习，使我不由得产生思考。传统的家庭教育是否也有弊端？是否可以把 PBL 运用于家庭教育中呢？把居高临下的说教，换成项目式学习吧！让孩子们自主学习，自主研究，与孩子一起协作，在思想火花碰撞中得出让孩子信服的结论，这样的学习收获不仅让孩子印象深刻，且与之而来所培养的学习能力，能让其受益终身。

突如其来的疫情就像一把利斧，让这个庚子新春失去了很多该有的喜庆。但，停课不停学，岳麓一小的空中课堂精彩纷呈。望早日消灭疫情，我们能快快在红房子里相聚，吹着和风，和着歌声，快乐学习！

1808 班陈与之妈妈

项目式学习过程中我们有两点很深的体会：

一、开放式、沉浸式的学习，很棒！孩子的参与度高，整个过程很主动很享受。从主题思考、搜集资料、整理归纳到成果展示，每一个环节都有满满的体验感，让我们兴致勃勃。我们的作品是一个创意情景剧，需要自制各种表演小道具，还需要自己设计情景剧的内容、台词、动作等，这激发了孩子的无穷想象，看见孩子这次深夜还在乐此不疲地涂画小道具，自己琢磨和练习着舞步，真的觉得挺感动的。

二、项目式学习让孩子很有成就感，而且也乐于跟他人分享。因为是自己思考、慢慢探索、一点点努力而成的，这种学习和认识的过程让孩子印象深刻，难以忘怀。传统式的学习，就好比是老师用橡皮泥捏好一个娃娃，然后让孩子照着捏；项目式学习，就好比老师把橡皮泥发给孩子们手上，让孩子们自己进行想象和创作。特别感谢学校和老师能开展这样新颖的教学模式，孩子和家长都很喜欢，希望以后能多多体验。

1809 班曲沫璇妈妈

  前苏联教育家苏霍姆林斯基在《帕夫雷什中学》中提到："儿童只有在这样的条件下才能实现和谐的全面发展，就是两个教育者，即学校和家庭，不仅要有一致行动，要向儿童提出同样的要求，而且要志同道合，抱着一致的信念。"通过项目式学习研究，使家校联动，双向促进，家长们从理念上收获了创新，在教育方法上得到了改变，家庭教育与学校教育联合起来，形成一股强大的教育力量，切实为孩子的全面发展奠定坚实的基础，同时，项目式学习的方法也让大家找到了教育的新起点、新方向，为孩子的教育成长赋能！

第六章
三个动作让 PBL 课程评价软着陆

案例项目：五年级"看中国速度，做智慧少年！"

如果说课程实施是实现预期目标的手段，那么在 PBL 课程中，还有一样我们无法忽略的东西，它就是课程评价。它就像一把量尺或是缰绳，丈量我们是否实现了既定的目标、是否偏离了行驶的轨道，鞭策我们在探究时时刻保持清醒的头脑，发现优势，审视不足，既而反思自我。

项目式学习中的课程评价和传统教学中的评价不同。传统教学中的评价主要是对学生学习效果的评价，而项目式学习中的课程评价则是对学习者学习态度、学习行为和学习结果的科学分析，包含对学习内容的评价、对学习实践的评价以及对学习成果的评价等。在我们设置驱动问题开始，也就是进入项目式学习的同时，课程评价就已经同步启动了。

本章，我们将从引导学生自主探究、启发学生自我考量以及指引教师自我反思三个方面，谈谈课程评价在项目式学习中的作用。

第一节
用自制任务单驱动学习

任务单不是一个全新的概念，在组织学生开展项目式学习中使用频率非常高。对于项目式学习来讲，学习任务单是对学生规划、预设能力的另一种无形的评价，在这个过程中，我们既培养学生的学习素养，让他们的思维能获得迁移，也在一步步引领每一位学生走向属于他们自己的个性化研究。

一、根据学生年龄认知特点，合理设计任务单内容

项目式学习中的任务单是为了评估学生在自主实践探究中的各项能力而制定，这就意味着任务单的内容设定要紧扣学生的年龄认知特点，培养学生用全面的、完整的视角来解决问题。

项目式学习注重培养学生的学习能力，即面对真实问题情境时的问题解决能力和思维能力。这需要他们在学习过程中注意力集中，并按照预定的目标和计划进行学习。

项目式学习是一个持续研究的过程，可能是一周、一个月、一学期甚至更长的时间，我们如何得知学生的探究进程呢？任务单就是一个很好的考量工具。

如何制定符合学生年龄认知特点的任务单？我们可以运用 KWH 表这种重要的工具。以我校五年级开展的项目式学习"看中国速度，做智慧少年！"为例，我们通过 KWH 表进行了前期调查，这里呈现部分学生的问题：

我已经知道了什么？（Know）	我还想知道什么？（What）	我想运用这些知识解决怎样的问题？（How）
新型冠状病毒"突袭"中国；病人多，医护人员少，国家派出了支援队 戴口罩和勤洗手可以有效预防病毒	我想知道我们怎样预防新型冠状病毒？ 我想知道去哪里才能买医用外科口罩？ 我还想知道这次病毒的宿主到底是谁？	我想开展如何防御病毒 我们可以自创一套健身操，锻炼好身体 还有哪些病毒也如此让人望而生畏？

通过什么 Know(已知)的部分可以看到,学生对"中国速度"一词认知还是有差异的,对本次项目式学习的关键概念的理解上还不是特别清楚。学生所呈现出来的这些关键难点,就是我们设计任务单时需要特别关注的地方。

从 KWH 表中还可以看出,学生的提问能力也有差异,有些问题并不能紧扣我们的学习目标,表述也不够通顺连贯,这些都说明我们在任务单设置中需要提高学生这一部分的能力。

基于以上因素,我们设计出了这样两份任务单:

任务单（一）

设计者：欧阳倩丹

我了解的身边的防疫事件	了解的途径	由此得出的思考（我们为什么要"宅"家?）

任务单（二）

设计者：欧阳倩丹

我"宅出乐趣"的好点子	灵感的来源和价值

　　五年级阶段，学生能在思维方面逐步学会区分"本质与非本质"的不同，并且能独立地进行逻辑论证。本任务单的设置，旨在结合中国疫情防控时有关"中国速度"的故事，引导学生开拓视野，通过观察、搜索、梳理等方法关注国情，并能选择典型的事例表达自己的观点，了解发生在身边的人和事，提高对生活的敏感度和体悟，并拓展和掌握获取有价值的信息的途径。对生活保持积极乐观的态度，热爱生活，关心他人，追求高质量的生活品质，乐于分享自己的探究过程和展示自己真实的学习成果，树立正确的人生观和价值观。

二、巧妙设计项目指南，激发学生探究兴趣

　　学习任务单中内容多，如何引导学生指向学习目标完成任务单呢？这需要教师给予有效的学习指南。

　　项目式学习中的指南包括课题名称、达成目标、学习方法与建议等内容，当然，也可以根据不同项目的类型灵活设置。通过项目指南，使学生明确项目学习的主题和达成目标的要求，知道通过什么样的方式达成学习目标。

　　同样以我校五年级开展的项目式学习"看中国速度，做智慧少年！"为例。我们在设置第一个任务单时，给了学生如下学习指南：

　　有关疫情的新闻快讯、感人事迹，在疫情期间你所看到听到的身边事，都可以写在任务单中。你可以去了解传染病的传染方式和预防方式，并想一想我们可以怎样获得这些资料？有条件的同学可以上网查找相关资料，可以观看电视节目。那身在农村的同学们，没有手机、没有电视、也没有网络，该怎么办呢？老师想：你可以打个电话询问父

母所在城市的防疫情况，也可以观察来自农村的身边事。只要你想做，一定能想到解决的办法。是这样吗？

当我们了解了有关疫情的种种情况，将自己的所见所闻记录下来，再经过深思熟虑之后，你一定能明白大家都选择"宅"在家里的原因。

在设置第二个任务单时，我们的学习指南又做了如下设计：

完成第二个任务单时，老师建议大家先想一想"宅"在家有哪些要点呢？

1. 有趣。兴趣是最好的老师，感兴趣的事情你才会长久地做下去。

2. 有收获。时间是最宝贵的，即使"宅"在家，也要让自己有进步，有成长。

3. 身心健康。身体和心灵同时得到锻炼，才能让思想变得更积极、更乐观。

满足了这三点，我想你跟大家分享的故事会更有意义。聪明的你，一定懂得，到底什么样的事情才是值得我们与他人分享的。我想，大家的故事一定都很精彩！

在这两份学习指南中，我们给学生提供了学习方法的指导。方法和知识不同，它不会被渐渐遗忘，而是将伴随人的一生。当学生掌握了学习方法之后，就会成为自我学习者，体会到学习的乐趣，获得学习成就感，树立学习的信心，养成在"遇到困难想办法"的良好习惯，最终爱上学习。

三、灵活调整任务目录，培养学习迁移能力

在项目式学习中，任务单的作用并不是考查某一个知识的学习，更多的是在同类事物中学生是否能利用类似方法解决问题，这便是学习迁移能力。

项目式学习最终是要实现知识的再建构。知识的再建构不是简单的复述、举例，而是能在新的情境中迁移、运用、转换成新知识，并在行动中表现，运用周围的各种知识和资源来解决问题。

例如，在完成任务单（一）中有关"中国速度"的新闻时，大家都不约而同的写到了：85岁高龄的钟南山院士第一时间奔赴一线；24小时不间歇加紧赶制防护用品的工厂；放弃陪伴家人夜以继日工作的医护人员；日夜赶工的工人们十几天就建成的火神山、雷神山医院……

但其中也有同学写到：有关疫情不实传言一夜之间被转载上千次；双黄连口服液一小时内全网售罄；假冒医用外科口罩和劣质消毒用品第一时间出现在街头巷尾……

　　这是我们希望看到的，项目式学习就是一种转向对学生的思维和价值观的挑战，它不仅需要学生找到信息，还需要学生提出观点、分析推理、给出证据。

　　因此，我们将任务单中的部分内容进行再次升级：

　　你赞赏或批判哪一个"中国速度"事件？为什么？怎样才能让你的成长速度追赶上你所赞赏的"中国速度"？

　　这样的任务会让学生用新的视角来重新审视"中国速度"这个概念，并且通过不同的例证来证明自己的观点，从而树立正确的人生观、价值观。

　　因此，我们在设计任务单时就要做好规划，希望学生个体、群体产生怎样的学习成果，学生需要做到哪些要点，最低标准又是什么，用怎样的方式公开呈现出来或迁移到真实的生活情境中。而这一阶段就已经开始对最终成果的评价进行初步设计了。

第二节
用学生评价量表启发思考

一个完整的项目式学习需要对学生学习实践的整个过程进行评价，这样才能真正促进学生个人和团体的共同进步，由此来引发学生更深层次的学习和理解。而评价量表（或称量规）就是其中不可或缺的工具。

学生评价量表是一个学生评分程序或指南，列出了学生表现的特定标准，描述了在这些标准上的不同表现等级。

一、明确评价指标，引导学生自我考量

项目化学习的评价必须紧扣学习目标，在产生驱动问题之后就靠考虑采用何种评价方式，然后再进行教学设计，因此对项目成果的评价部分应该与成果一并设计，而对探究过程的评价部分也同样应与流程一并设计。

在我们制定学生评价量表的时候，并不一定要对项目式学习中列出的核心知识、认识策略和学习实践活动全都做出评价，一般聚焦在以下几个方面：

● 最终成果是否回答了驱动问题？

● 在最终成果中是否掌握了核心概念和知识技能？

● 自主学习实践的质量如何？

● 在过程性成果中是否证明了相应自主探究过程的产生？

● 在相似的生活情境中是否产生了迁移？

根据以上几个方面，学生评价量表可以分为项目式学习实践过程量表和项目式学习成果评价量表这两大类别。

对学习实践过程的评价有助于学生拓展相关知识，提高理解力，增强对学习的热情，积极反思，提高自我评估能力。但需要注意的一点是，在同一个项目中，并不一定要对所有的学习实践活动都进行评价，可以根据需要对其中 1 ~ 2 个环节进行评价，每一方面可以做成一个评价量表，例如"专注与坚持"评价量表、"提问与反思"评价量表等。

"专注与坚持"评价量表

维度	初级	良好	优秀
专注与坚持	不专注，总是东张西望，经常分心 表现出退缩、消极甚至抗拒等，只按要求被动地做，依赖性强 常常以"我不会""不知道"等理由放弃不做。坚持性差，遇到困难、干扰需要教师大量的鼓励、引导才能勉强继续下去	大多数时候保持专注的态度，即使外部出现一些干扰，也只需稍加提醒，就能较快地静下心来 不是积极主动，但是能按要求去做，完成项目 在遇到困难时，试图克服困难，但是努力时间短，在有其他干扰的情况下很快会放弃	全程都保持非常专注、投入的状态，基本不受外部干扰影响 面对任务跃跃欲试，热情投入并完成全部任务。有问题能主动地提出来 遇到困难或不会做的题目坚持尝试解决，努力战胜困难，一直到成功。当没有成功而教师要求终止时，仍想再继续

也可以将几个方面的评价指标整合在一张评价量表中进行综合评价。

评价量表（1）自评版

姓名：			
评价指标	表现出色	还需帮助	还需努力
1. 根据"'宅'出智慧'宅'出乐趣"这个问题思考如何开始进行本次学习，有自己的探究计划表			
2. 在探究过程中能主动思考、积极寻找解决问题的方法			
3. 会想办法筛选信息，形成自己的思考并且记录下来			
4. 积极参与小队会议，与伙伴交流沟通，会表达自己的想法和观点			
5. 成果展示有不断改进的过程并积极呈现			

注意：请根据自己在完成这个项目中的表现打分，"表现出色"5分，"需要帮助"3分，"还需努力"1分。

项目式学习成果的评价量表一般包含两方面：对项目式学习成果本身进行评价；对项目式学习成果的公开报告方式进行评价。

以我校五年级开展的项目式学习"看中国速度，做智慧少年！"为例。在这个项目中，学生将家庭中的一切可利用资源作为创作源泉，充分发挥它们的作用，选择一两种事物作为实践重点，将它们进行改造或创作，最终变成自己的"宅家智慧与乐趣"成果，与同学进行线上分享。这些作品会被制作成影集、美篇等类型的新媒体产物，与大家分享。那么，我们在设计这项成果评价量表时，既要包括评价学生最终学习成果，又要包括评价他的公开展示成效，每一个方面都要进行评价和反馈。同样我们也可以把这些评价整合在一张表上。

评价指标	5分	3分	1分	评价与反馈
资源来自于家庭				
作品富有创造性				
作品体现了智慧或乐趣				
大家对你的作品印象深刻				
有人询问你的制作过程				

二、倡导学生互评，促进团队协作力量

项目式学习在很多时候都是以小组的形式开展探究活动，除了学生自己动手实践之外，还需要与同伴之间有探讨，要求设计者在进行过程性和总结性评价时，采取多元主体参与评价的方式来促进学生真正投入学习。

我们在项目式学习中，积极倡导学生互评，运用评价量表、档案袋、KWL表等方法和工具进行评估，在同伴之间的沟通交流中积极反思，提高理解力，更好地促进团队协作力量。

下面列举两种学生互评方法供参考：

●学生互评量表

学生互评量表属于量规当中的纸笔测试。纸笔测试是我们在日常学习中运用的最多的一种测试方法，项目化学习强调深层次的概念理解和问题解决，因此并不排斥纸笔测试这一方法。评价量表的使用过程其实就是一种社会实践，同伴用评价量表来分析对方的行为和成果时，这就是每个学生最好的自省时机。如下面的五年级网络项目式学习学

生互评量表：

评价量表（2）互评版

姓名：_____							
队员名字	组员 1	组员 2	组员 3	组员 4	组员 5	组员 6	组员 7
1. 根据"'宅'出智慧'宅'出乐趣"这个问题思考如何开始进行本次学习，有自己的探究计划表							
2. 在探究过程中能主动思考、积极寻找解决问题的方法							
3. 会想办法筛选信息，形成自己的思考并且记录下来							
4. 积极参与小队会议，与伙伴交流沟通，会表达自己的想法和观点							
5. 成果展示有不断改进的过程并积极呈现							

注意：项目进行过程中请你根据同伴的表现给与互评，大家也可以发挥智慧，跟你的组员一起商讨，自己升级评价量表哟！

（"表现出色"5分；"还需帮助"3分；"仍需努力"1分）

在以上互评量表中，我们除了给出一些对实践过程和最终成果的评价指标外，还允许学生根据每个小组的实际情况，灵活调整互评表，这样能更全方位地对每位组员进行合理评价，展现小组个性化的评估。

●档案袋评价

档案袋是指由学生在探究过程中搜集起来的，可以反映学生的努力情况、进步情况、学习成就等一系列的学习作品的汇集。它展示了学生某一段时间内、某一领域内的技能的发展。

档案袋评价 (portfolio assessment) 又称为"学习档案评价"或"学生成长记录袋评价"，是以档案袋为依据而对评价对象进行的客观度的综合的评价，它是 20 世纪 90 年代伴随着西方"教育评价改革运动"而出现的一种新型质性教育教学评价工具。

而项目式学习中的学生档案袋评价则是指通过对学习中的探究过程和最终成果的过程性资料进行分析，从而对学生发展状况的评价。从其适用范围而言，档案袋评价多用于表现性评估。档案袋的建立是学生共同协作的结果，它为所有学生对学习过程做全面评价提供帮助，示例如下：

我喜欢的句子和词语		
	出处	
	我觉得好的地方	
	我试着模仿	
	出处	
	我觉得好的地方	
	我试着模仿	
	出处	
	我觉得好的地方	
	我试着模仿	
摘抄情况自我评价		
摘抄情况自我评分		
摘抄情况小组评价		
阅读情况小组评分		

三、创新评价方式，提升项目社会关注度

除了以上所说的学生自我评价和互评方式，我们在进行项目式学习中还注重开发其他更易于操作的公众测评方法。

●邀请外部专家或专业人士参与测评。

有时候学生们正在进行的项目式学习属于技术性实践，如机器人类或建造类，量规评价重点考查的是学生在学习过程中利用各种技术完成项目的程度。此时，我们可以邀请一些外部的专家对学生的实践过程进行指导，并对最终成果进行相应测评，这样得来的测评数据更具有说服力。

●利用互联网软件测评

前文有提到，项目式学习中的评价和一般评价一样，都会应用到纸笔测试，这是真实的人类生活中常常用到的评价方式。但在科技如此发达的现代社会，如果在学习评价

中不涉及到互联网未免有些跟不上潮流。因此，在进行项目式学习时，我们鼓励学生利用各种互联网软件对实践过程和学习成果进行评价。例如我校五年级网络项目式学习"看中国速度，做智慧少年！"中，我们除了要求学生完成自我评价和学生互评之外，还给出了这样的评价建议：

当你们的项目式学习完成后，请连同你们的探究过程，一起保存下来，制作成静态或动态的成果集，等待开学时我们再一起分享。有条件的同学还可以通过手机微信朋友圈或微博将成果集发出去，看看谁集的赞最多！开学后，班主任老师们也会在班级里进行成果展示，期待你们的精彩展现哦！

我们鼓励学生将自己的探究过程和成果公之于众，接受公众的评议，这样考查的范围更加宽广，评分者来源多，分数也充满了多样性，体现了项目式学习评价主体多元性和评价内容、形式的丰富性，真正促进了学生个人和团体的共同进步，更让我们的项目受到更多的社会关注，这便是我们项目设计的初衷。

第三节
用教师评价量表指引反思

在项目式学习中，教师的角色是教学的促进者和引导者。教师除了要指导学生的学习活动，还需要帮助他们寻找解决问题的方法；不仅要关注学生是否掌握知识，更应帮助学生成为学习主体，激发其学习兴趣，培养其终身学习能力。此时，教师评价量表就显得尤为重要了。

教师评价量表和学生评价量表相同，也是一个评分程序或指南。我们在实践中总结，教师量表大致可以分为三种类型，第一种是教师对学生的表现进行评价，第二种就是参与项目的教师自评，第三种是教师与教师之间互评。下面，我们也将介绍这三种不同的评价量表。

一、教师及时评价学生，激发学生学习兴趣

在学生进行项目式学习探究时，教师是从始至终的陪伴者。综合考虑学生的知识技能背景，设定项目目标，给出驱动问题，与学生一起做项目规划；就学生的调研方法、采访技巧、数据分析、知识理解提供关键指导；在方案制作过程中给予团队管理、时间管理、专家引进；为学生提供展示创造机会，等等。其中的每一个环节教师都应及时地给学生反馈与评估，这样才能真正激发学生的学习兴趣。

我们建议，在项目式学习进行中，教师可以在每次课堂、每次活动小结时都对学生的表现做出评价，并且都要有相应的评价方式和评价标准，这些方式和标准应具有针对性，根据活动内容、活动主体、活动目标的不同呈现不同的方式。这样会让每一位学生知道：我在上一个环节做得怎么样？下一环节我有哪些值得发扬和改进的地方？在整个

项目实施的过程中教师给予学生更多的是鼓励和鞭策。下面列举两种评价量表以供参考：

评价标准	5 分	3 分	1 分	评价与反馈
公式正确呈现				
问题解决过程清晰				
求解步骤清晰				
包含所有的要素、性质和值				
总分				

上面这个表格是来自"几何：音乐公式"项目式学习（Vilet et a，2008）中对几何公式学习的评价量表。这个项目的评价涉及了四个方面的内容，教师在每一个步骤完成之后都进行了有针对性的评价，这样分析性的量表设计很清晰，每一个评价维度都分成了若干个点，能让教师在每一个环节看到学生的不同变化。

- 相关背景知识的掌握度和敏感性（20%）：完全掌握这一主题的相关知识和引发这一现象的各种原因。

- 最终成果的设计（40%）：同时呈现多种不同观点；包含所有必要的观点分析；进行了良好的设计，有设计草图或大纲；设计要素在主题上与不同的观点相吻合；总体的设计成果结构适切，富有艺术表现力。

- 教育价值（20%）：所呈现的信息能够让参观者体验到不同的多元视角；所呈现的设计能够引发对这一主题的深入理解。

- 呈现的影响力（10%）：呈现的计划也适用于类似的公开场合，能够吸引更多人对这一项目的关注；报告者与听众进行了积极地眼神交流，并且直接地、富有学识地回答问题；报告者运用了多媒体及其他可视化的方法来增强报告效果。

- 总体成效（10%）：这个报告总的来说是令人信服的，让人印象深刻。

以上量表是教师对学生在制作表现类项目式学习中进行评价的整合性评价量表，从评价指标来看，它属于项目式学习成果评价量表，但其实表格里也涉及到了与成果相关的报告和社会性实践、探究性实践等内容。

二、教师自我评估，引发深入反思

我们认为，项目式学习探究不仅仅是记录学生成长的过程，教师在其中也有着同步的成长。教师会在尝试做项目式学习的过程中在课堂上对做过的事进行微调，甚至会将一节自我感觉不太成功的活动课重新洗牌再来过，这就是教师们一次次的自我评价与反思。

由此，我们总结出教师自我评价的几大准则：

●以学生为中心

我们希望教师在项目式学习中放弃对教室的完全控制，将空间留给学生。即使课堂有些混乱、有些喧哗嘈杂那又怎么样？沉默和秩序往往意味着顺从，我们需要学生关注的是关爱和人际关系，全身心投入学习，而不是遵循一些规则、标准或课程要求。因此，教师在对自我进行评价时，要考虑的标准之一就是是否真正将课堂留给了学生。

●思维灵活

当学生通过探究来推动学习时，"课程计划"往往会走弯路。例如：本来约好的采访因为某些原因不能如期进行；社区工作人员告知他们取消了客座演讲；大家拍摄的作品因为一些技术原因需要重新制作，等等。

此时，也许他们需要指导教师成为"军师"，与学生沟通交流解决办法，思维灵活的教师总是能想到办法让他们在必要时能自如地即兴发挥。

●充满激情

教师是否对学科领域之外的学习感到好奇？在空闲时间，他是一个创意制造者吗？他会在全班同学面前谈论自己的爱好吗？如果这些都做到了，我们认为他便是"终身学习者"。作为项目式学习中学生的引路者，教师的激情通常都会传染给学生。充满激情的教师总是在思考如何让学习变得更有趣，更容易让学生理解，会与学生建立联系，让学生放心地做同样的事情。

●自我效能

自我效能感强的老师愿意在项目式学习开始前或进行中学习课程之外的东西，将时间优先用于与他们关心的项目相关的具体事情。自此，他的身份也发生了改变，他可能是一出戏剧的编剧，也可能是一场比赛的教练。于是，他可以轻松地应对项目式学习过程中的"混乱部分"，并且不需要课程指南来告诉他们下一步该做什么。

基于以上准则，我们在设计教师自评量表时可以采取提问式量表和评分式量表，举例如下：

提问式量表

1. 我在设计项目探究内容时，是怎样的情绪？我如何向学生阐述我们正在做的事有何意义？	
2. 我在课堂上是否给学生足够多的发言权和选择权？描述某一具体场景。	
3. 当批改作业和项目探究时间有冲突时，我是如何抉择的？	
4. 当我听到他们的汇报会出现问题的时候，我是否曾感到害怕？我是如何帮助他们解决困难的？	

提问式量表在设计时可以采取"描述某一具体场景"的形式，回忆课堂，发掘课堂中某一部分的优劣，引发教师更深入的自我反思。

评分式量表

请根据自己的表现在下列维度上打分。5 分表示最高分，1 分表示还有待努力

1. 在项目开启之前，我充分地研究了这个主题。	
2. 项目驱动问题是与学生一同讨论制定的。	
3. 我会经常与学生一起交流项目进展情况。	
4. 我帮助某一小组解决过一些棘手的问题。	
5. 项目实践过程中，我从不指责学生，只给予鼓励。	

评分式量表简单易操作，考查范围宽广。教师会在内心给自己一个分值标准，并根据自己的主观判断来评分，总结经验，以便在下一个阶段表现得更好。

三、导师团体互评，提升自身素养

项目式学习从来不是一个人的战斗。它由若干学生组成多个讨论小组，围绕某一具体问题进行讨论，从中培养叙述的自学能力、实践能力以及团队合作精神。

其实，除了学生以团队合作的形式完成探究，有时，在项目式学习中也会设置多个导师。如负责视觉艺术的导师、负责技术操作的导师、负责表演编排的导师。这些导师会合作成为学生的项目引导者，通过合作来帮助学生解决问题，从而发现隐含在问题背

后的真相。

真正真实的项目经常涉及内容的整合，多位导师的协作能够解决跨学科问题。当然，这里的导师并不一定仅指教师，也可能是涉及其他方面的专业人士，如社区伙伴、医务人员、技术员等。

设置多位导师的好处是，我们并不会担心缺乏与项目相关的知识或技能，因为我们要互相学习，并且可以为学生树立榜样，教他们如何在团队中成功地发挥每个人的长处。

通常，我们也会鼓励这些导师们对自己以及对方在项目中的表现给予评价，在评价的同时提升自己的素养。

导师互评量表同样可以采用提问回答式量表或者评分式量表：

1. 你的同伴在项目中担任的导师职务是＿＿＿＿＿＿＿＿。
2. 你的同伴是否在项目中发挥了自己的专业所长？请举例说明。
3. 你们合作完成了项目中的哪一部分？如果满分 10 分，你会为他打多少分？说说你的理由。
4. 下次项目，你还愿意与他合作指导学生吗？为什么？

导师互评量表在分析彼此的行为和成果时，是非常重要且有意义的。我们可以在项目启动前就将量表提供给各位导师，共同商议调整评价标准，以发展出更适切的量规。同时，也可以设计评价建议表，示例如下：

1. 在进行评价前，请从合作者的角度仔细观察实践过程和审视成果。
2. 根据量规，对导师成果中值得肯定的地方记录下来。
3. 尽可能地寻找同伴的优点，并将这些优点作为和同伴谈话的开始。
4. 不管是表扬还是建议，都应该非常具体。
5. 将你的评价书面化，然后与你的同伴分享你的评价。
6. 当你们对彼此的评价有分歧时，可以将评价交还给学生，请他们从第三者的角度给予新的评价。

评价建议表的引领作用在于，我们在观察学生探究行为过程的同时也在以同样的姿态观察其他导师。特别是对第一次尝试做项目的老师来说，可以在观察中可以取长补短，让自己走得更远，按自己的节奏从传统教学切换到项目式学习中，这样才会感到舒适并获得真正的成功。

　　课程评价作为项目式学习的重要环节之一，能够对其他各个环节起到诊断、激励和促进的作用，帮助学生和导师提升自我认识、自我评价的能力，在标准和量表的规范下，学生及导师通过评价和反思，个性化地设计学习目标，并明确自己是否达到所定目标。

　　在项目学习活动中，所有参与者都将亲身经历收集、组织信息的自由，还有随之而来的自我评价的快乐，当身边人都给予肯定的评价，他们将体验到完成一项工作、解决一个问题而产生的自信。

第七章
成就感是这样练出来的

案例项目：四年级"疫情期间，我以行动爱祖国"

项目式学习不同于其他类型的教学，项目式学习完成后需要公开呈现有质量的成果或表现。设计合适的项目式学习成果不仅能让学生更好的完成学习任务、培养学生对应的知识与能力，还能极大激发学生学习的参与度和成就感。本章，我们将从项目式学习成果设计的方法和案例解析成果展示过程中的诸多细节两个方面来探寻师生获得"成就感"的基本路径。

第一节
教师：项目式学习成果的"糊涂"军师

项目式学习成果是学习结束后学生完成的作品，是学生对学习内容的思考和感悟。它为学生的相互交流和学习提供了材料，它是学生进行项目式学习过程的重要依据。

教师作为"项目式学习成果"的设计师，该如何确定项目式学习成果呢？

一、区分项目式学习成果和学科作业，和而不同

项目式学习开展初期，教师作为设计者就应很清楚项目式学习的最终成果是什么。但从传统的分科教学模式到项目式学习的课程模式的转变，对老师而言是这是极大的挑战，成果的确定也是如此。

与学科作业相比，它们都是学习结束时学生完成的作品，但却有诸多不同，我们将两者的不同归类如下表：

作业类型比较内容	学科作业	项目式学习成果
目标	指向事实性知识	指向核心知识和多种能力
设置依据	学科知识体系	广域的知识体系和能力目标
学习价值	获得知识或技能	解决真实存在的问题
完成时间	较短（一两天）	较长（几天或几周）
参与人数	个人（学生自己）	团队（小组成员）
结果和形式	单一、标准	多样、开放

基于上述比较，四年级教师在寒假期间为学生量身打造"疫情期间，我以行动爱祖国"线上项目式学习中预设对应的成果，如下表：

班级	探究问题	关键能力培养	成果	备注
1601班	宅在家里如何动能既强身健体又特别有意思？	锻炼意识和创新能力	一套花式运动操	1.动作可融入毛泽东诗词，武术进行融合创新 2.有条件的家庭可以邀请父母加入创编，请他们提宝贵建议
1602班	疫情期间，如果你是家庭资源管理员，你会如何对家里物资进行分配以及购买呢？	自理和批判性思维的能力	一份资源安排设计图	1.调查家庭物资基本情况 2.采访长辈物资安排情况
1603班	如果你是一名设计师，你打算如何设计一个实用的口罩？	分析和审美创新能力	一份口罩设计图，一个自制口罩	1.学习了解设计图的画法 2.了解口罩的防护特点 3.利用废旧材料制作一个合格的口罩
1604班	如何洗手，才能有效防范新冠病毒？	分析表达能力	一份详细的实用的洗手指南	1.学习了解指南基本内容 2.对比了解病毒特点
1605班	当新冠病毒来袭，我们该如何保护自己？	自理能力和批判性思维	一个家庭详细的卫生步骤图	1.学习了解步骤图的画法以及基本构成 2.有条件的家庭家长可以进行上网等技术指导
1606班	疫情当前，作为小学生的我们如何去记录"战疫"过程并铭记在心呢？	观察分析和书写表达的能力	一篇高质量的作文	1.了解写作结构 2.收集写作素材

从表中我们可以了解到，项目式成果设计和驱动问题设计一样，都指向能力素养目标，互为因果又相辅相成。

二、了解成果的表现形式

成果的表现形式很多，我们根据成果表现形式可以分为两类：第一类是静态成果，例如：地图、食谱、思维导图、研究报告、海报、网站……第二类是动态成果，例如：小剧表演、花式运动操、舞蹈、演说……有时我们可以以动静结合来展示成果，例如：

一段 PPT 演说、一节研究报告的解读……观察上表设计的成果形式，我们可以看出，1601 班设计的成果表现形式是动态的，其他五个班均是静态的。

其实，在课堂的项目式学习中，两种成果表现形式可以结合起来，既有静态成果，又有动态成果，动静结合两相宜，既有"做了什么"，又有"怎么做的"。多样的成果能大范围地照顾到不同学习能力的学生，还能多角度体现学生对核心概念的习得，多层次反映学生对研究过程的反思与深化。

三、熟悉衡量项目式学习成果设计质量的黄金准则

我们总是希望能设计出高质量的项目式学习成果，尝试寻找衡量项目式学习成果质量的准则，感谢夏雪梅博士的研究团队分享的核查表：

考查项目化学习成果设计质量的必要指标：

1. 是否反映了对概念的深层理解……………………………………………（　）

2. 是否指向目标中的高阶认知策略…………………………………………（　）

3. 是否回答了驱动性问题……………………………………………………（　）

4. 是否包含有个体和团体两方面成果的设计………………………………（　）

考查一个成果还可以参考的选择性指标：

1. 是否让不同类型的学生有选择性的成果………………………………（　）

2. 是否同时兼顾制作表现类和解释说明类的成果………………………（　）

3. 是否在成果中考虑了不同的实践类型…………………………………（　）

4. 是否包含尽可能多样的人群来参加公开成果展………………………（　）

填写说明：1（低）——3（中等）——5（高）

教师作为项目式学习成果的设计者，有时也要适时"糊涂"，做到"三不"：不能在一开始就给学生一个成果供学生模仿和参考，避免限制学生的想象力，阻碍学生的思维发散；不能在成果完成过程中包办代替，直接指挥，而要给学生足够的时间和空间自主探究；不能只是要求学生做出什么，还要要求学生能"报告"为什么要这样做、怎么做的、经过了哪些思考和调整。

项目式学习的成果反映了教师对学生个体和团体的学习效果的期待，在学习研究过程中，教师应该鼓励学生根据自己的特长来呈现研究成果，让学生在成果创作中彰显个性，并由此获得学习的快乐。

第二节
成果展示，让师生有了成就感

成果展示的过程是师生交流评价、知识共享、反思深化的过程。成果展示的成功往往意味着学生真正完成了富有挑战的任务，意味着项目最终的成功。为了让成果展示顺利进行，教师需要对成果展示有细致的规划。

一、成果展示中的学生立场：人人参与

即使是成果展示，教师也需要和学生共同制定展示的流程，明晰展示的内容，确定展示的分工。这样，学生在展示过程中就会更好地承担一定的角色任务，这有助于学生有积极的代入感和获得感。这里的角色任务具有选择性，便于不同类型的学生都能参与进来，让不同的学生有不同的发展。

四年级在进行线上项目式学习成果制作时，各班不仅分小组进行线上讨论，在成果展示中小组成员还分工协作，有的负责图片收集，有的负责文字处理，有的负责编辑排版，有的负责校对审核——你看，一篇篇美文就这样成功"出炉"。

美文 1：停课不停学，我们在行动	
美文 2：岳麓一小 1602 班项目式学习汇报	

续表

美文3：抗击疫情，我们一直在行动家庭物资分配及购买的项目式学习	
美文4："疫"期，我是小小规划师	

二、成果展示中的考虑要素：展示的场地和时间

在成果展示之前，我们可以根据成果展现形式来选择场地和时间。静态的成果可以按团队或内容来摆放，陈列地点可以选在教室的宣传栏、走廊或一间开放的功能室等有对应学习群体的地方。动态的成果学生可以用口头、书面等现场的方式或互联网视频播放的方式来向公众汇报，所以场地应该是开阔或比较庄重的地方。成果展示的时间比较灵活，简短的展示可以选在班会时间、放学前的时间等，重大的项目成果则可以选在学校的开放日进行。

寒假疫情期间，四年级通过网络开展"云学习"，这并不影响成果的展示，我们从各班选择出有代表性的作品进行技术整合，以微视频的方式在班级群中发布。学生乐于享受高科技带来的新的学习交流体验，和小组积极交流成果展示后的不足与收获。远程项目的早期资料显示，相比于在场参与的学生，在网络观看展示的学生会有更积极的行动表现。

附：四年级项目式学习成果展示微视频二维码

三、成果展示中的人文关怀：必要的支持和充足的准备时间

成果展示的目的不是为了展示优秀精美的作品，而是展现学生对所学知识的理解和把握。为了让这种展现更加完整和精准，我们应该给与学生必要的支持和充足的准备时间来进行改进或者是排练。因为不断调整和优化成果的过程就是学生对知识理解、能力提高的过程，我们总是很期待看到这一点。接下来，我们来看看四年级两位学生在"疫情当前，我以行动爱祖国"项目式学习中研究口罩如何抵御病毒的作品。

1603 班滕王睿琪

初期作品如下：

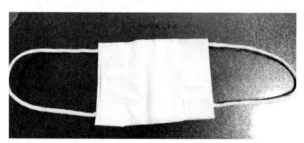

最终作品如下：

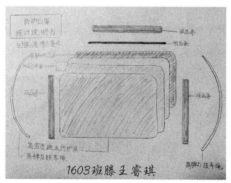

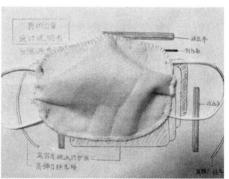

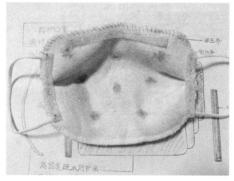

1603 班廖博为

初期作品如下：

最终作品如下：

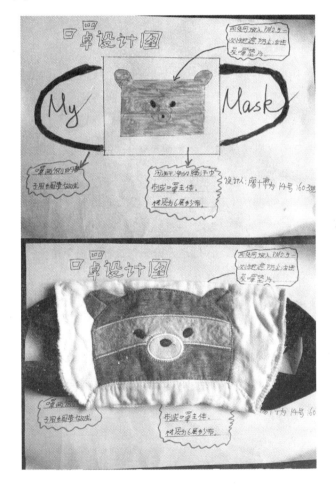

这两个学生均来自四年级1603班，我们很欣喜的看到学生改进的成果。作为班主任的王文英老师做了些什么呢？

由于新型冠状病毒的侵袭，这次，我们年级"宅"家开展"疫情当前，我以行动爱祖国"项目式学习，我想，爱祖国首先就要在疫情期间保护好自己。在口罩紧缺的情况下，我们班决定以驱动问题"自制一个怎样的口罩才能有效抵御病毒？"来开展项目式学习，向学生强调需要注意的事项后，学生就在线上分组开始探究活动。

接下来的一周我过得比较轻松，因为这个驱动问题中的知识性问题无需我讲，学生能通过网络自主探究寻得答案；我不用指导他们，因为他们可以线上联系同学、请教父母家长；我也不必担心学生走神，因为有组长组织讨论。

几天后，我信心满满地进行线上作品的收集。咦，好像有点不对劲，怎么制作的口罩材料是纸？左右两边的耳挂怎么都固定在同一点？有的口罩就是薄薄的一层布？有的学生佩戴着自制的口罩就像被龙卷风刮过一样，戴在脸上歪七扭八。于是，我在班级群里赶紧叫停。原来，学生只了解了口罩的功能，却没有想能否有效地解决问题。

第二次，我决定细化驱动问题，引导学生深入思考，从而提出四个子问题：（1）了解我们市场有哪些类型的口罩？（建议网络调查）（2）你是否用过这类型的口罩，它们又如何保护我们的呢？（3）不同口罩是否又有区别，区别在哪？他们又是怎样帮助我们抵御病毒的呢？（4）如果你是一名设计师，你打算如何设计？（制作一个口罩设计图，从材质、功能、原理、作用等方面介绍设计理由）这次，学生围绕这些子问题就口罩的种类、什么样的口罩有什么样的功效以及口罩的构成等展开了激烈的讨论。我发现，学生在这次调整和优化中获得了很多经验，如先画图再制作，利用家里的现有材料进行创作，考虑实用和美观……

一周后，又到了作品收集的时间，经过反复思考，学生利用家里现有材料所做出来的口罩让我眼前一亮：有用塑料瓶口制作的，注重密封性能而添加了鼻贴的口罩；有重视透气性能和可重复使用的棉布口罩；还有资源二次利用，把原带有空气阀门但不能抵御病毒的旧棉布口罩，贴上一层过滤片……

通过此次的动手实操，学生基本上懂得了怎样的口罩才能真正地抵御病毒。都说实践出真知，不亲身体验，又如何得知其中的奥秘呢！

四、成果展示中的强大后盾：家长与同行

重大的项目都有重要而多样的成果，这样的成果展示往往也需要大量的人力、物力。此时，如果能邀请到家长和同行参与到项目成果展示中，将会有事半功倍的效果。

家长乐于了解孩子的学习状态和成果，愿意积极的参与到成果展示中来。在成果展示过程中当家长看到自己孩子积极的表现后会更加配合老师开展项目式学习活动，例如担当评委、主动参与观察研究学生的变化等，这是相互促进的过程。家长的参与会增加学生对项目式学习的信心，也是老师投入工作、学习创新的动力。

同行参与成果展示，无疑是对组织者的肯定和支持，同行不仅能从专业的角度了解和观察成果展示中的细节和问题，还能为改进成果提供必要且有效的帮助。

五、成果展示中的仪式感：邀请卡和海报

重大的成果展还是需要有一定的仪式感，无论是海报宣传的设计、邀请卡制作和赠送，还是演示流程单的制作都能让学生感受到成果展的重要性。一份亲力亲为的海报设计，一次张贴海报的经历，一次制作邀请卡的思考，一次鼓足勇气的赠送，这样的成果展准备往往会让学生的经历更丰富，让思考更深入，让下次做的更好。

六、成果展示后的序曲：总结反思

成果展示之后我们还需要反思和小结，包括大家在项目中的表现、学习过程中的收获、学习对个人和团体的影响，还包括评价是否客观、项目规划是否合理、成果是否回答了驱动问题。反思和小结是对项目的各个方面进行最终的验收与评价。这样的反思可以来自于执教者、设计者、参与者或旁观者。

我们始终坚信，每一次的坚持不懈都是为更好地达到教学目标、为更好地庆祝项目成功、为下一个项目做准备。

后　记

　　儿童是有他特有的看法、想法和感情的；如果想用我们的看法、想法和感情去代替他们的看法、想法和感情，那简直是最愚蠢的事情；我宁愿让一个孩子到十岁的时候长得身高五尺而不愿他有什么判断的能力。

——法国卢梭

　　谁改变了教育，谁就改变了人、改变了未来。基于疫情下的项目式学习，我们通过网络的协作互动，以问题解决为核心，重构知识体系，重新定义学习的概念，重新设计学习。学生和教师都在项目中经历、探索、思考、成长。凡是经历，皆有感悟。让我们一起跟随项目实操老师们的心得感悟去体会师者之心。

　　一个超长的假期，利用"宅"家时光指导学生进行项目式学习，全新的组织形式，全新的学习方式，这对于每一个人来说都是一个很大的挑战。面对这双重的挑战，个人以为做好"人"的工作能极大促使"事"的工作完成。

　　三年级团队有一个特点：有思想有能力，特别是执行力强，但表现力不够。如果不是硬性要求，一般情况下不会发表看法。这对"宅"家研究造成了很大的困扰。那么，首要做的势必是激发每个人的内驱力和参与度，因为一个项目的圆满完成，必须建立在智慧众筹的基础上，大家集思广益，在研究探讨中碰撞出智慧的火花，不停地优化调整组合，最终才有可能取得最理想效果。除了通过微信群、QQ群呼唤大家积极参与之外，还通过微信聊天、电话聊天等多种形式和大家聊未来教育的发展趋势、课堂教学转型的重要性、学校发展的必要性、个体成长的可能性……激发大家积极参与的热情，在建言献策中，在实践指导践行中，在探讨交流中，在智慧碰撞中，也就相应地激发了大家的主动学习和积极思考。两次研讨，两次复盘，实现了看得见的成长。

●老师们的收获

学会放手，发现了孩子们的无限可能性：合作交流能力、口头表达能力、收集处理信息能力、思辨能力、动手能力，创新性思维、发散性思维等方面得到极大提升；和学科结合的项目式学习有可能达成并且愿意尝试；在做中学习，撬动了固有的思维模式，促使观念发生改变；评价量表在项目进行中的重要性……

●老师们的问题

基于真实的情景，如何提出一个有效的驱动性问题？怎样才能激发更多学生甚至家长的热情？如何找到有针对性的书籍或资料，快速提升自己对于项目式学习的了解？如何进行深层次的探讨和研究？在设计驱动性问题时，如何更显系统性和深层次思考？如何让逻辑思维更清晰？

对于老师的思考以及提出的问题，我根据个人的理解做了一些相应的回复，并且推荐了一些网站、一些资料、一些书籍供大家阅读。

只要践行，必有所获。在做中学，在学习中思考，再回到实践中去，如此反复，回响更大。

对我个人而言，这一段时光是艰难且曲折的修行时光，发现了自己知识上的很多盲点，能力上的很多短板，性格上的很多缺陷……也进一步发现了我的优势所在：善于激发他人的内驱力，发现他人的长处和优势，化解他人的负面情绪，努力传递正能量。

且论一个互补团队的重要性：老中青三代的搭档、欧阳的精益求精、天金的思维梳理、我的情感联络，我们在相互扶持、相互鼓励，在不断试错中，虽有些跌跌撞撞，终究有了一些撬动、一些唤醒、一些悄然而来的变化。也许，就是这些看得见的或者看不见的变化，让成长中的每一个人像鸟儿一样飞往他们的山。

——长沙市岳麓区第一小学 王大庆

在疫情之下，不管是老师还是父母，都在危机中寻找契机，希望带孩子加强生命教育、健康教育。项目式学习也是老师们刚接触不久的新学习方式，过程中也是和大家一起在探索中前进。珂睿妈妈在小结中谈到，孩子开始有畏难情绪，妈妈一直是鼓励和帮扶，不插手代办，最后呈现给我们的成果非常细致；禹辰制作的蝙蝠大灯笼气球破裂，拼音打字不熟悉耗时多……这些都容易让人泄气，但妈妈的鼓励和坚持让他完成了一张图文并茂的大海报……。是的啊，不要想着多难多陌生，而是想想我能做点什么，先做起来，再做精彩。

在和大家一起探索的过程中，我也有了一些思考。

前期，带着班上学生在网络上交流学习：什么是冠状病毒？它是怎么传播的？该怎么预防？我们希望孩子在这个特殊时期，也能在现实生活这本生动的教科书中有所学、有所获。网络授课不比教室教学轻松，但孩子们在交流互动中的积极表现给了我很多动力。基于生活的网络学习，该让学生吸收到什么营养呢？在时代背景下，我们确实应该让孩子们知道现在发生了什么事，孩子需要了解基本知识。班级集体授课会有一些局限，但在家庭的日常学习中，面对一个孩子，完全可以多倾听孩子的声音和选择。除了班级统一安排的学习，你还想研究什么问题，驱动自己深度学习呢？

听过一个这样的分享：一位爸爸发现孩子偷偷用家长微信里的钱买了很多游戏装备，当时父母很愤怒，但冷静下来后，带着孩子做了一次探究——游戏为什么会吸引你沉迷？这样一个家庭的项目式学习，孩子开始主动学习心理学、学习画画构图、学习英语访问外文网站，学会了跳出来看问题，变"游戏的沉迷者"为"游戏的研究者"。

带着问题去探求答案，知识灌输不是我们的初衷，我们希望孩子拥有应对世界的能力。怎样的问题更有探究价值？当然是能帮助学生习得生活能力和自我发展思维的驱动问题。孩子的心理特征、年龄不一样，需要吸收的营养也有区别。信息时代，互联网可以在短时间内为我们提供很多想要的信息或答案。一键就能搜索到答案的问题，对于孩子们来说太简单，也达不到能力提升的目的。我们可以引导孩子结合难度和兴趣，选一个有点挑战性的问题。这一次研究的题目是"蝙蝠是敌是友？"，想要得出结论，就要深入全面了解，从而锻炼了批判性思维。

具有挑战性的问题哪里来？主动探究的问题不一定是我想要了解的知识。在疫情还未传播开时，学生有项寒假作业是吹气球来练习肺活量，现在疫情阶段不能出门买气球，还有什么方式可以练习肺活量呢？有孩子用塑料袋代替，有孩子用唱歌练习，基于实际需求的问题也可以成为学生自主探究的问题。在探索解决生活实际问题的过程中，孩子只要不做知识的搬运工，他们的动手能力、思维能力都会得到锻炼。

"宅"家的日子里，把那些能引起孩子的兴趣的问题，变成驱动问题去让孩子深入学习吧。

生活就是这样一个不断出现问题—发现问题—学会解决问题—获得成长的过程。我们和孩子一起成长。

——长沙市岳麓区第一小学　苏珊

停课不停学，有幸在学校的统筹安排下参与了整个项目式学习。

在这过程中，作为"诸葛帮"成员先后协助三、六年级级部主任推进项目式学习，完成了六年级项目的"诸葛帮"成员行动方案，为三年级理清项目推进过程提供建议。同时，撰写了学校项目式交流微课学生篇和家长篇的文稿，协助完成微课录制。在项目式学习推进过程中，完成了项目发布、项目中期总结成果的微信推送宣传，后期收集了六个级部项目式学习过程性资料。

凡事经历，必将有获。于个人而言，最大的收获就是有幸全过程全方位的学习和参与项目式学习的管理，同时通过对项目发布、中期成果以及三、六年级具体项目的一些探究，对项目式学习有了一些更加细致和深入的心得。如学校项目式学习管理是系统的，分工是明确的，推进过程是有计划的，等等；再如项目能力培养目标的设计清晰而落地，一定要和过程中研究任务紧密结合，并能通过研究过程有效提升对应能力，驱动问题的设计和项目研究流程的设计一定要有清晰而层层深入的逻辑关系，符合思维低阶向高阶进化的路径；还如无论是不是"宅"家，学校、教师、家长、学生四位一体是项目式学习真正发挥应有作用的保证。

凡事亲历，必有反思。在新一轮的项目式学习过程中，明显感觉脑子不够用，究其原因还是积累和研究不够深入。不过，也不妨碍对自己有一些发问。

发问一：学校项目式学习的管理，我做了什么真正有帮助的事吗？答案是有一些，如对三、六年级级部项目的行动参考方案，应该对级部主任有一些参考价值，虽然不多，如都能在关键时刻提供些帮助性反馈，也不枉自己参与其中。但明显，真正有帮助的事不多，比如项目的驱动问题和行动计划是级部主任独立完成，作为智囊团没有起到作用，最关键的步骤没有起到作用，不得不说在项目管理上，我们滞后了。因此，建立项目设计部真的很重要。设计部每一位成员都需责任上肩，通过头脑风暴，提供至少每个级部一个的驱动问题或者项目设想。然后，针对同类的项目集体研讨，碰撞智慧火花。只有集思广益又精准雕琢才能出真正有深度有创意的项目。

发问二：项目过程中的反思，我的思考深度够吗？答案是明显很不够。在推送中期项目成果的过程中，我一直想就每个级部的项目中期成果深入的进行一些解析，但是很明显，不管是理论还是实践经验都很欠缺。仔细反思，发现在项目过程中我们的反思大部分还停留在广域的开展情况，现实问题等操作层次。我们对项目本身或项目中某一个环节的深度反思还很不够。或许我们反思的角度可以更加精细，就项目中某一点进行深度的反思或推广，这样对项目的优化和真正落实作用应该更大一些。也就是我们或许应该更多回归到项目本身，开发驱动问题，优化项目环节，设计可操作的脚手架，让项目真正成为有吸引力、有学习深度的载体。

发问三：成果意识强吗？还有待加强。这既是反思也是建议。当然，相比之下我们已经做得很好了，觉得还需要加强。级部主任已经做得非常好了，每一次的总结都是一次完整的成果。除了级部主任，我们每个环节的老师都要有强烈的成果意识。成果意识并不是完全为了功利，也不完全是收集收集过程性资料就完了，我们还需要进行再思考、再整理、再成文。特别是班主任和副班主任老师，一个项目下来，每一位班主任老师手里都有一个完整的项目案例了，有的班级已经推出微信系列，多好！每一篇微信都是一篇视频、图文并茂的案例、论文。我还有一个思考就是我们的成果还可以更加深度一些，也就是不要全是项目过程的回顾和记录，我们可以提炼出更加精准的探究点，比如我们的项目在批判性思维上有突破，那就把批判性思维提炼出来，形成经验和标杆做法；还如在过程性评价量表上作用大，就集中量表的经验、规律总结和探索。这样有深度的成果探索，对打造更好的项目帮助更大一些。

深度思考，有着不言而使人信服的魅力！

——长沙市岳麓区第一小学　许天金

原来我只听过项目式学习的课程，从来没有实践过，对于项目式学习的理解是生硬的、教条的，这次项目式学习终于让理论转变成了实践，从驱动问题的讨论、方案的探讨到班级项目式学习的组织、指导与总结我全程参与了，因而对项目式学习有了新的认识：项目式学习注重老师引导、学生自主探究与小组合作，而不是老师与家长的一味讲解与灌输；它注重对学生思维能力、表达沟通能力、创新能力与解决问题等能力的培养，而不仅仅是知识的习得；它注重的是学生在探究的过程中一次次进步与成长，而不仅仅是最终精美作品的呈现；它注重的是衔接真实生活而非空中楼阁。除了对项目式学习有了新的认识，我最大的收获是能够改变以往固有的认知，愿意尝试新的教学方式，愿意走出舒适区，继续成为"学习者"，在学习中不断认识到自身的不足，从而产生焦虑感与危机感，驱使自己想要进一步学习，想要在以后的教育教学中融入项目式学习。我想：当我们老师行走在学习的阳光大道中，才能更好引领学生看见更多更美的"风景"。

——长沙市岳麓区第一小学 何莉

在这一轮项目式学习中，我做了什么？

在这次特殊的寒假里，我们经历了一次特别的网络项目式学习，与上学期跟学生面对面的项目式学习相比，这次的学习有着学习渠道网络化、学习主体自主化、学习成果集中化的特点。也正因为有这些特性，通过学校召开的项目组会议、级部会议讨论，我们逐渐在摸索，没有办法面对面沟通，要尽可能集中线上指导，尽可能激发学生在家自主探索的有效路径。

1. 紧扣热点，积极思考。从项目式学习的设计之初，怎样结合六年级的年龄和认知特点，结合疫情现状，选出有价值又有能力研究的主题？我查找了各种资料，最终从李兰娟院士发出的震撼人心的建议找到了研究方向，她说："这次疫情过后，希望国家给青少年一代树立正确的人生导向和价值观！高薪美名，应该留给德才兼备的科研、医疗、军事等真正推动国家发展和进步的人员！"有了主题，后面的研究就有了方向。

2. 多方交流，确定方案。从定主题到定方案、定做法，反复与班主任交流，跟"诸葛帮"天金主任、陈校长、黄丹主任沟通，得到了很多帮助，集合了很多智慧。

3. 统一认识，特色推进。在网络项目式学习的特殊情况下，通过语音、文字、会议不断地与组内老师沟通，同一主题，六个班分成六个方向分别开展研究，特色推进；我们六年级是做了三周项目计划，也准备在复课以后真正开展"明星宣讲会"。

4. 分工协作，师生共进。在项目式学习过程中，向其他级部主任学习好的方式，根据每个老师的特点和擅长点，在组内合理分工，我们设计了阅读记录单、自评他评以及师评表，实现教师和学生共同进步。

我的收获：

1. 自我的突破：在网络环境下又一次项目式学习的尝试与参与，形式不同、参与方式不同、参与面不同，设计和推进的渠道也不一样；学会了做微课，学会了剪辑合成视频。

2. 更广的视野：教师和学生的视野越来越广，从一开始话题内容集中到每个班各选定自己的研究方向，呈现形式也由几句话扩展到了图画、海报、文章、演讲等。

3. 坚定的信心：相信自己，相信老师们，也相信孩子们可以在项目式学习中扫清障碍，共同成长。因为我们之前就确定好了三周的内容，因此也没有跟随学校两周的脚步，坚持做完三周。

我的反思：一是在课程建设之初，一定要想得明白、做好设计；二要指导得到位，细致到每个过程的思考与关注；三是要舍得放手，相信学生的自主探究能力；四是要评价得到位，应当及时关注到学生的生成性思考和作品，及时给予指导，以激励更多的孩子主动参与进来。

对项目式学习的新认识：项目式学习不受时间、空间的限制，只要有主题与方向，学生可以独自或与不同的身边人（如同学、家人等）组成合作小组，完成一个项目的探索与研究。教师的角色转换意识、成果意识和评价意识要及时跟上，才能更有效地适时地对学生进行指导与帮扶。

——长沙市岳麓区第一小学　王晓

项目式学习——每次听到这个词语总是感觉非常的陌生。看到曾莹老师的汇报课时又感觉课程设计非常有趣，孩子们兴趣浓厚，无任何压力就学到了很多的东西，更可贵的是，这些知识都是通过自己的实践来获取的，记忆更加深刻。

授人以鱼不如授人以渔。这个道理一直都懂，如何在教学中去发挥到极致总是没有琢磨透。

学校为了将项目式学习运用到所有年级，特别安排这次活动让全体老师都参与进来，同时每个年级都有"诸葛帮"来进行专门指导。《家长篇》《学生篇》的微课资源让我们对项目式学习活动如何开展和进行有了更深入的了解，同时对于老师、家长、孩子在学习过程中有了更好的定位。《奥斯丁的蝴蝶》让我们知道不用范画，不用一笔一笔地教授，只需要适当地引导、观察就能让孩子们自己画出最美丽的蝴蝶。

　　在"诸葛帮"和级部主任的带领下，我们的第二次项目式学习开始了，孩子们对新冠病毒都有了一定的了解，也找到了宿主——蝙蝠。所以我们这次的驱动问题就是：蝙蝠是人类的敌人还是朋友？孩子们对这个问题非常感兴趣，问题才抛出就开始你一句我一句地争论起来。这时根据他们的想法，我用语音在群里对孩子们的积极性给出了大大的肯定，然后进行了温馨提示："为什么有的孩子说朋友？有的说是敌人呢？老师有点迷茫了，希望大家可以给我更具体一点的分析。大家要有'证据'来证明你的结论。如何来证明呢？你应该如何做呢？"这时钟瑶说她首先会去查资料，然后把它们记录下来，最后整理好告诉老师和同学。对于钟瑶的想法，我立刻在群里给与了肯定："钟瑶的想法非常棒，知道一步一步的、有计划的进行。"这时其他孩子就知道要有自己的计划和想法去策划这件事情。同时对家长也有温馨提醒："对于孩子的任何想法我们都要给与支持和帮助，只需要适当的引导，不能替代他们来完成。"后续一直有孩子会给我看他们的初次作品，虽然不完美，但是看得出他们都在通过各种方式来查找资料。还有的会发语音问我："老师我想演绎一只蝙蝠可以吗？""老师，我想做绘本。""老师我想跟妈妈一起表演故事。"可以，都可以！多么好的想法和创意，我们在他们有这些创想时就是要给与肯定、鼓励、帮助。

　　兴趣让他们自主探究意识增强。从这次项目式学习和参与的过程中，发现小朋友其实可以完成很多他们自己觉得不可能完成的事情。通过这种确定主题、查阅资料，再总结发散自己的想法，规划出完成一个任务的步骤，对后续学习或任务的完成，其实会给到一个很好的范式和更多的机会。不能只是让学生拿到任务后就按习惯思维去完成，而是要启发他们从更多方面去想问题，寻找生活、学习和成长中的更多可能性。

　　存在的问题：这次的项目式学习感觉我们发挥的作用很小，与学校开展的课程相差甚远。所以还是要多学习如何选择驱动问题、提供"脚手架"，如何提出子问题，当孩子出现疑问时我们应该如何正确地去引导，如何去设定评价量表，等等。

——长沙市岳麓区第一小学　潘玲玲

参考文献

[1] 臧玲玲 . 构建新的学习生态系统：OECD 学习框架 2030 述评与反思 [J]. 比较教育研究 ,2020,42(01):11-18+32.

[2] 刘敏，罗佳丽 . 美英日小学职业生涯教育的经验及启示 [J]. 西部素质教育 ,2018,4(19):9-10.

[3] 毕国春 . 小学开展生涯教育研究的初探 [J]. 教学月刊小学版 (综合),2019(Z1):88-89.

[4] 沈之菲 . 生涯心理辅导 [M]. 上海：上海教育出版社 ,2000.

[5] 姚裕群 . 职业生涯管理 [M]. 大连：东北财经大学出版社 ,2012.

[6] 史志洪 . 职业生涯规划与自我管理 [M]. 北京：机械工业出版社，2010.

[7] 孙宏艳 . 国外中小学职业生涯规划教育经验与启示 [J]. 中小学管理 .2013(8):43-46.

[8] 刘秋梅 . 探索课堂转型，促进学生核心素养的发展 [J]. 小学教学参考 ,2017(05):02

[9] 佚名 . 问学课堂：为未来而教：基于儿童生命成长的教学转型 [C].2017 年江苏省小学教学改革与创新现场观摩研讨会论文集 ,2018(01).

[10] 谭美瑶 , 陈武林 . 美国 "21 世纪技能" 评价体系的关键要素、实施路径及其启示 [J]. 当代教育论坛 , 2017(1):35-42.

[11] 周文雁 . "未来教育" 办学理念在学校教育中的探索与研究 [J]. 吉林省教育学院学报 , 467(11):52-56.

[12] 钟启泉 . 核心素养十讲 [J]. 人民教育 , 2018,798(23):84.

[13] 岳强 . 教师与课堂教学改革：内在关系、能力要求及教师转型 [J]. 山西师大学报 (社会科学版), 2017(06):105-10

[14] 丁延才 . 以生为本深化课堂教学转型 [J]. 基础教育参考 , 2016(3):40-42.

[15] 孙立会 , 刘思远 , 李芒 . 面向 2035 的中国教育信息化发展图景—基于《中国教育现代化 2035》的描绘 [J]. 中国电化教育 , 2019(8):1-8.

[16] 蔡厚清 . 行动学习的理念、目标及关键环节 [J]. 广西社会科学 , 2007(02):166-169.

[17] 钟立 , 林间开 . 基于核心素养培育的德育实践探索 [J]. 中小学德育 ,2018(07):38-39.

[18] 何克抗 . 建构主义的教学模式、教学方法与教学设计 [J]. 北京师范大学学报 (社会科
学版),1997(05):74–81.

[19] 郑东辉 . 促进深度学习的课堂评价: 内涵与路径 [J]. 课程 . 教材 . 教法 ,2019,39(02):61–67.

[20] 王成霞，董晓霞 . 基于微型学习资源利用的学生学习策略及成效研究 [J] 课程教育研
究：2017(05):001

[21] 何克抗 . 中央电化教育馆组编教育技术培训教程 [M/CD]. 北京：高等教育出版社 ,2005.

[22] 林斯坦 . 有效应用学习资源的策略及其研究学习资源开发与利用《科学化学习导论》
[M]. 福建：海峡书局出版社 ,2010.

[23] 粟敏 . 教师在 PBL 教学中的重要性 [J]. 新校园·上旬刊：理论版，2017(02)：12

[24] 李玉霞 . 项目学习评价现状研究综述 [J]. 教育：2015(20)：64–66.

[25] 夏雪梅 . 项目化学习设计：学习素养视角下的国际与本土实践 [M]. 北京：教育科学
出版社，2018:23.

[26] 马卡姆 .PBL 项目学习：项目设计及辅导指南 [M]. 北京：光明日报出版社 ,2015:143.